Pacher · Game. Play. Story?

Jörg Pacher

Game. Play. Story?

Computerspiele zwischen
Simulationsraum und Transmedialität

Verlag Werner Hülsbusch
Fachverlag für Medientechnik und -wirtschaft

J. Pacher: Game. Play. Story?

Bibliografische Information der Deutschen Bibliothek
Die Deutsche Bibliothek verzeichnet diese Publikation in der Deutschen
Nationalbibliografie; detaillierte bibliografische Daten sind im Internet unter
http://dnb.ddb.de abrufbar.

© Verlag Werner Hülsbusch, Boizenburg, 2007

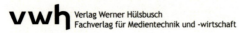

Verlag Werner Hülsbusch
Fachverlag für Medientechnik und -wirtschaft

www.vwh-verlag.de

Alle Rechte vorbehalten.
Das Werk einschließlich aller seiner Teile ist urheberrechtlich geschützt.
Jede Verwertung außerhalb des Urheberrechtsgesetzes ist ohne Zustimmung des
Verlages unzulässig und strafbar. Dies gilt insbesondere für Vervielfältigungen jeder
Art, Übersetzungen und die Einspeicherung in elektronische Systeme.

Markenerklärung: Die in diesem Werk wiedergegebenen Gebrauchsnamen,
Handelsnamen, Warenzeichen usw. können auch ohne besondere Kennzeichnung
geschützte Marken sein und als solche den gesetzlichen Bestimmungen unterliegen.

Satz und Lektorat: Werner Hülsbusch
Umschlag: design of media, Lüchow
Druck und Bindung: Kunsthaus Schwanheide

Printed in Germany

ISBN: 978-3-940317-10-0

Inhaltsverzeichnis

		Vorwort	9
1		**Einleitung**	**11**
2		**Spiele ohne Computer.** **Die Vorgeschichte der Game Studies**	**13**
2.1		Der Spielbegriff	13
2.2		JOHAN HUIZINGA	14
2.3		ROGER CAILLOIS	16
2.3.1		Kategorien von Spielen	16
2.3.2		Paidia und Ludus	18
2.4		Game versus Play	18
3		**Computer- und Videospiele – Grundlagen**	**21**
3.1		Eine Definition	21
3.2		Common Sense: Wie Videospiele wahrgenommen werden	22
4		**Fünfzig Jahre Computerspielgeschichte**	**25**
4.1		Analoge Computerspiele und computerlose Videospiele	25
4.2		Hallen und Wohnzimmer	27
4.3		Geschichten in Computerspielen	30
4.4		Die Rückkehr der Videospiele	31
4.5		PC-Spiele	33
4.6		Der Fünfjahreszyklus	35
4.7		Online-Welten	36
5		**Genres**	**39**
5.1		Action	40
5.2		Adventure	41
5.3		Strategie	43
5.4		Zwischen den Kategorien	45

6	**Die Geschichte der Game Studies – ein Überblick**	**49**
6.1	Spiele als Texte	49
6.2	Narrativisten und Ludologen	50
7	**Game. Play. Story.**	**55**
7.1	Interaktivität und Ergodik	55
7.2	Narrative und interpretatives Handeln	60
8	**Spiele als Medien**	**65**
8.1	Neue Medien und Remedialisierung	66
8.2	Transmedialität	70
9	**Alternativen zur Repräsentation**	**75**
9.1	Videospiele und Performance Art	76
9.2	Simulation als Paradigma	80
9.2.1	Grundlagen der Simulation	80
9.2.2	Simulation und Raumerfahrung	81
9.2.3	Die Kunst der Simulation	83
9.2.4	Simulative Rhetorik	86
9.2.5	User und Simulation	88
9.3	Die Reinterpretation narrativer Strukturen	91
10	**Raum und Spiele**	**93**
10.1	Was kann Raum sein?	93
10.2	Bitmaps und Datenräume	94
10.3	Spielräume	96
10.4	Raum und Narrative	98
10.5	Die Utopie des Cyberspace	102
10.6	Unrealistische Räume	104
11	**Theorie in der Praxis: „Canis Canem Edit"**	**111**
11.1	Videospielgeschichtliche Verortung	112
11.2	Der noetische oder „interpretative" Hintergrund	113
11.3	CAILLOIS' Begrifflichkeit in „Canis Canem Edit"	116
11.4	Ergodische Realitäten und narrative Strukturen	121

11.5	Remedialisierung und Transmedialität	123
11.6	„Canis Canem Edit" als Simulationsraum	127
12	**Zusammenhänge und Ausblick**	**131**

Anhang   **135**

I. Literaturverzeichnis   135
II. Auflösung der Weblinks   141
III. Spieleverzeichnis   142
IV. Filmverzeichnis   144
V. Bildverzeichnis   144
VI. Personen- und Sachregister   146

Vorwort

Ein Buch zum Thema Computerspiele – so mag man annehmen – geht mit einem starken Interesse des Autors für ebensolche einher. Dieser Annahme möchte ich mich nicht widersetzen. Seit meiner Kindheit haben mich Computerspiele fasziniert.

Gründe dafür gibt es viele. Ich möchte an dieser Stelle aber nur einen zentralen hervorheben: es ist die Tatsache, dass Computerspiele immer ein Versprechen bieten – ein Versprechen, dass über das tatsächliche Spielerlebnis hinausweist. Beinahe wichtiger als der Spielakt selbst war mir als Kind die Projektionsfläche, die sich für die eigene Imagination dort auftat, wo man einen winzigen Screenshot aus der Computerspielzeitschrift im Gedanken zu einem vollwertigen, neuen Spielerlebnis ausbaute.

Auf diese Weise waren die Magazine gefüllt mit unzähligen potenziellen Abenteuern. Mindestens genauso gerne malte ich mir aus, wie die Spiele in ferner Zukunft – etwa im Jahr 2007 – aussehen könnten.

Heute wissen wir zumindest letzteres mit Gewissheit und gleichzeitig haben sich neue – wissenschaftliche – Möglichkeiten aufgetan, den Blick über das tatsächliche Spielerlebnis hinausschweifen zu lassen. Mein persönlicher Interessensschwerpunkt mag sich im Laufe der Zeit von einer Projektion in die Zukunft zu Erklärungsversuchen über die Gegenwart des Spielens gewandelt haben. Der Antrieb ist jedoch höchstwahrscheinlich derselbe geblieben.

Auch wenn das folgende Buch Geschichte und Theorie nachzeichnet und versucht zu dokumentieren, soll es doch auch dem Leser die Frage stellen, warum ein bestimmtes Spiel in einem bestimmten Moment für einen bestimmten Spieler ein Versprechen erfüllen kann.

Diese Frage mag implizit bleiben, die unterschiedlichen dargestellten Perspektiven auf (Computer-) Spiele können zu einer Antwort aber sicherlich beitragen.

Gleichzeitig hält sich „Game. Play. Story?" bewusst von pädagogischen Ansätzen fern. Computerspiele werden hier eben nicht als Werkzeug für oder an Heranwachsende(n) betrachtet, sondern als kulturelle Konstante mit immer deutlicher erkennbaren Potenzialen.

Dieses Buch ist aus meiner Magisterarbeit gleichen Titels – eingereicht an der Universität Wien im Fach Publizistik und Kommunikationswissenschaften – hervorgegangen. Demzufolge versucht es auch, Computerspiele medienwissenschaftlich zu verorten.

Mein Dank gebührt WERNER HÜLSBUSCH für das intensive Lektorat.

Wien und Köln, im September 2007

JÖRG PACHER

1 Einleitung

"[T]he player's response to a well designed videogame is in part the same sort of response he or she has to a film, or to a painting: it is an aesthetic one." (POOLE 2000: 25)

"The current state of videogame research is mainly driven by scholars who try to explain computer games through previously existing media. [...] While I do not necessarily discard these approaches, I think that they are incomplete and that by studying videogames as something else than games, they are denying its main potential. This potential is not narrative, but simulation: the ability to represent dynamic systems." (FRASCA o.J.)

„Bemerkenswert ist besonders die Tatsache, dass Computerspiele eine neue Art des ästhetischen und des gesellschaftlichen Diskurses sind, eine Alternative zum narrativen Diskurs, der bisher das herrschende Paradigma war, wenn es darum ging, Wissen und Erfahrung weiterzugeben." (AARSETH 2001: 303)

Doch nicht nur die Perspektive auf Videospiele änderte sich, auch die Spiele selbst haben in ihrer beinahe fünfzigjährigen Geschichte noch keine Stufe erreicht, wo eine Stagnation der Weiterentwicklung festzustellen wäre.

Ihre Entwicklung ist zweifellos und unweigerlich mit jener des Computers verbunden. Wer Videospiele medienwissenschaftlich untersuchen will, wird nicht daran vorbeikommen, dem Diskurs um die „Neuen Medien" Beachtung zu schenken.

Da die technische Weiterentwicklung bei Computerspielen extrem schnell erfolgt, können wir nur mutmaßen, wie sich die innovativen Spiele in zwei oder drei Jahren „anfühlen" werden und wie sie aussehen könnten. Obwohl – oder gerade weil – sie für einen Massenmarkt zugeschnitten werden, bleiben Videospiele innovativ.

Sowohl beim *user interface design* als auch bei der Realisierung virtueller Raumkonzepte waren und sind sie äußerst einflussreich. In der Regel sind es auch Spiele, die als erste neue Computerhardware für Endverbraucher ausreizen. Sie motivieren technologisches Hochrüsten. Lange bevor sich etwa Betriebssysteme eine neue Hardwaregeneration zu Nutzen machen, tun dies Computerspiele.

Über dieser Tatsache sollte aber nicht vergessen werden, dass Spiele die Menschheit schon zumindest genauso lange begleiten, wie es die Sprache tut.

Mit den Game Studies hat sich in den letzten Jahren ein Forschungszweig entwickelt, der versucht, dem gerecht zu werden. Schon vor Entstehung der Game Studies wurde deutlich, dass (Computer-) Spiele viele Ansatzpunkte für interdisziplinäre Forschung bieten. Folglich wurden und werden Computerspiele von Forschern unterschiedlichster Richtungen aus ihrer jeweiligen disziplinären Perspektive vereinnahmt. Diese Tatsache wird im Folgenden immer wieder deutlich werden und man kann nur hoffen, dass solcherlei Vereinnahmungsversuche bestehen bleiben – selbst, wenn der bisher gescheiterte Versuch einer Kanonisierung und Institutionalisierung der Game Studies Erfolg tragen sollte.

Dieses Buch versucht in manchen Kapiteln den wissenschaftlichen Diskurs der Game Studies nachzuzeichnen. Da es sich jedoch auch mit Medienwissenschaft auseinadersetzt, ist es wichtig zu betonen, dass Videospiele in gewisse Weise mehr sind als nur Spiele. Sie stehen für ein neues Paradigma der medialen Kommunikation – für die Simulation – und sind ohne Zweifel deren plakativste und populärste Ausprägung.

Natürlich können so unterschiedliche Ansätze nicht immer nahtlos ineinander übergehen – aber es ist auch nicht die Absicht dieser Arbeit, eine widerspruchslose „Grand Theory" vorzuführen.

Es sollen nicht alle Theoriestränge auf *ein* Erklärungsmodell hin zurechtgebogen werden, sondern diese mitunter auch parallel zueinander eine Existenzberechtigung behalten.

Als erster Schritt verlangt dabei natürlich der Spielbegriff einer Klärung.

2 Spiele ohne Computer. Die Vorgeschichte der Game Studies

2.1 Der Spielbegriff

„Tiere und Kinder und Künstler ‚spielen'. Es gibt nicht nur Geschicklichkeits- und Kraft- und Wettbewerbsspiele, Karten-, Brett- und Figurenspiele, sondern auch ein Spiel der Liebe, ein Schauspiel auf der Bühne, Instrumental- und Orchesterspiel. Das Mückenspiel, das Wellenspiel, ein Spiel Stricknadeln, das Spiel der Radachse im Lager mögen uns bewusst machen, wie weit dieser Begriff in unserer Sprache reicht und wie er selber schon die Grenzen von Natur und Kultur überschreitet." (FLITNER 1994: 233)

Bevor man sich Videospielen zuwenden kann, benötigt ein allgemeineres Konzept einer Klärung: der Begriff „Spiel". Er ist einer der weitläufigsten Begriffe überhaupt und alles andere als eindeutig – besonders im Deutschen. Andere Sprachen unterscheiden mitunter klarer zwischen unterschiedlichen Bedeutungen, eröffnen aber in manchen Fällen sogar noch zusätzliche Assoziationsfelder.[1]

Der Begriff Spiel verführt zu einem „suggestiven Parcours der Analogien" (MATUSCHEK 1998: 3). Als Metapher ist „Spiel" ja überhaupt so gut wie universell einsetzbar und der Übergang von den Grundbedeutungen zur metaphorischen Verwendung ist beinahe fließend.

Ein Lösungsansatz wäre es, die Frage „Was ist ein Spiel?" zu vermeiden. Eine eindeutige Definition kann bei der Vieldeutigkeit des Spielbegriffs einfach nicht erfolgen. Zumindest wird eine Definition, die alle Aspekte umschließt, schwierig. Im Rahmen dieser Arbeit steht ohnehin die zentrale Bedeutung des Begriffs im Mittelpunkt. Sie wird in den nächsten Kapiteln genauer aufgeschlüsselt werden.

Eine Differenzierung, der wir immer wieder begegnen werden, ist jene im Englischen, wurde doch ein Großteil der Texte der und zu den Game Studies im englischsprachigen Raum publiziert. Selbst bei einer Übersetzung dieser Texte ins Deutsche müsste die Unterscheidung durch Einsatz von (gegeben-

---

[1] Eine umfassende Darstellung des Begriffs in diversesten lebenden und toten Sprachen findet sich bei HUIZINGA (1938: 37 ff.).

falls anderen) Fremdwörtern oder Wortkreationen aufrecht erhalten bleiben. Gleichzeitig erlaubt uns die exaktere Unterscheidung im Englischen einen ersten Blick auf die Vieldeutigkeit des Begriffs „Spiel" im Deutschen. Das Englische unterscheidet zwischen *play* und *game*. Ersteres kann dabei als die spontane, freiere und subjektivere Form betrachtet werden, letzteres als institutionalisierte Spielaktivität mit expliziten Regeln.[2] Doch lassen wir eine solche Unterscheidung die Ahnen der Game Studies treffen.

2.2 JOHAN HUIZINGA

JOHAN HUIZINGA wird oft als der tatsächliche Vater der wissenschaftlichen Beschäftigung mit Spielen angesehen. *Homo Ludens*, sein erstmals 1938 in den Niederlanden erschienenes Buch „Vom Ursprung der Kultur im Spiel", trägt auch heute noch Bedeutung als Grundlagentext. HUIZINGAS Ansatz ist dabei ein kulturanthropologischer. „HUIZINGAS Spieltheorie geht über ästhetische und pädagogische Fragestellungen hinaus und entwickelt eine Soziologie der Kulthandlungen" (WENZ 2001: 275). Er stellt das Spiel ins Zentrum seiner Beobachtung und definiert dadurch den Menschen, als Kulturwesen, als *homo ludens*. HUIZINGA argumentiert, die menschliche Kultur sei aus dem Spiel entstanden. Er will zeigen, „dass Kultur in Form von Spiel entsteht, dass Kultur anfänglich gespielt wird" (HUIZINGA 2004: 57), und versucht, mit Hilfe des Spielbegriffs eine Gesamtdarstellung der Kultur zu entfalten. HUIZINGA benutzt den Spielbegriff dabei in seiner Universalität und untersucht dessen Bedeutung in einer Unzahl von Sprachen.

Tatsächlich wurde dieser alles vereinende Ansatz später stark kritisiert (vgl. FLITNER 1994: 232; CAILLOIS 1982: 9). HUIZINGAS formale Kennzeichen des Spiels bleiben jedoch von Bedeutung. Nach HUIZINGA ist Spielen zuerst einmal eine freiwillige Aktivität, freies Handeln. Das Spiel ist

---

[2] *The Oxford History of Board Games* (PARLETT 1999: 3) unterscheidet zwischen „formal" und „informal games". Letzteres sei "merely undirected play, or 'playing around'", während formale Spiele eine zweifache Struktur hätten: "a twofold structure based on ends and means" (ebd.). Als „means" gelten dabei Spielrequisiten und die Regeln, wie man mit diesen Spielrequisiten zu verfahren hat. „Ends" bezieht sich auf die Siegesbedingungen.

2.2 JOHAN HUIZINGA

überflüssig. „Erst sekundär, dadurch dass es Kulturfunktion wird, treten die Begriffe Müssen, Aufgabe und Pflicht mit ihm in Verbindung" (HUIZINGA 2004: 16).

Damit hängt auch ein zweites Kennzeichen von Spiel zusammen: Spielen ist nicht Mittel zum Zweck, sondern Selbstzweck. Es ist eindeutig vom Alltagsleben getrennt. Spiel ist ein Heraustreten aus diesem. Dabei stellt die Kulturfunktion von Spiel für HUIZINGA keinen Widerspruch dar, da auch diese nicht direkt auf die Befriedigung von Notwendigkeiten gerichtet sei.

Drittens bilden Abgeschlossenheit, Begrenztheit und Wiederholbarkeit wesentliche Eigenschaften des Spiels. Das Spiel findet in einem geschützten Raum statt, dem sogenannten Spielplatz oder Spielraum.[3] Diese „zeitweilige[n] Welten innerhalb der gewöhnlichen Welt" (HUIZINGA 2004: 19) könnte man durchaus mit FOUCAULTs Konzept der Heterotopien vergleichen.

In den abgegrenzten Spielwelten herrscht auch eine weit stärkere Ordnung als außerhalb. Dies macht laut HUIZINGA auch den ästhetischen Reiz von Spielen aus und entspringt dem Drang, eine geordnete Form zu schaffen.

Ein weiterer wichtiger Faktor ist jener der Spannung. Ungewissheit oder Chance sollen sich auflösen, indem das Spiel „glückt". Die Spannung basiert auch auf dem Einhalten der Spielregeln. Gleichzeitig haben die Gesetze des gewöhnlichen Lebens im Spiel(raum) keine Geltung.

Der Spieler muss sich, so HUIZINGA, zudem immer bewusst sein, dass es sich, bei der Aktivität, der er sich hingibt, um ein Spiel handelt. Deshalb kann er durchaus ernsthaft spielen.

Die zusammenhängendste, von HUIZINGA gelieferte Definition des Spiels lautet:

> „Spiel ist eine freiwillige Handlung oder Beschäftigung, die innerhalb gewisser festgesetzter Grenzen von Zeit und Raum nach freiwillig angenommenen, aber unbedingt bindenden Regeln verrichtet wird, ihr Ziel in sich selber hat und begleitet wird von einem Gefühl der Spannung und Freude und einem Bewusstsein des ‚Andersseins' als das ‚gewöhnliche Leben'." (HUIZINGA 2004: 37)

Das hört sich tatsächlich sehr allgemein an und scheint für unser Vorhaben kaum aussagekräftig. Wichtig ist diese Definition hauptsächlich deshalb, weil spätere Bestimmungen in Abgrenzung dazu erfolgten.

---

3 Vgl. HUIZINGA (2004: 15) beziehungsweise NEWMAN (2004: 23) – wobei NEWMAN und andere Autoren die eher zweitrangige Bezeichnung „magic circle" bzw. „Zauberkreis" (HUIZINGA 2004: 19) betonen.

2.3 ROGER CAILLOIS

CAILLOIS war der zweite bedeutende und im heutigen Diskurs noch präsente Spieltheoretiker.

Sein zentrales Buch *Die Spiele und die Menschen. Maske und Rausch* (1982) – 1958 im Original erschienen – beginnt mit einer Abgrenzung gegenüber HUIZINGA. Dieser habe zwar charakteristische Grundlagen des Spiels meisterhaft analysiert, aber eine Einteilung von Spielen völlig außer Acht gelassen. Auch wenn CAILLOIS HUIZINGA dies abspricht, so stimmt er mit dessen Darstellungen doch zum Großteil überein. So ist auch für CAILLOIS „die Domäne des Spiels eine reservierte, geschlossene oder geschützte Welt: ein reiner Raum" (CAILLOIS 1982: 13). Einzig Glücksspiele sieht CAILLOIS bei HUIZINGA unterschlagen. Dieser hatte sie wegen des „realen Gewinns" ausgenommen.

CAILLOIS bietet auch eine explizite Unterteilung, die *game* und *play* entspricht, aber nicht linguistisch motiviert ist: „Spiele sind [...] nicht geregelt und fiktiv. Sie sind entweder geregelt oder fiktiv" (ebd., S. 15). Man hat es also entweder mit einer *geregelten* Betätigung zu tun, die „die üblichen Gesetze aufheben und für den Augenblick eine neue, alleingültige Gesetzgebung einführen" (ebd., S. 16) oder einer *fiktiven* Betätigung, „die von einem spezifischen Bewusstsein einer zweiten Wirklichkeit oder einer in Bezug auf das gewöhnliche Leben freien Unwirklichkeit begleitet wird" (ebd., S. 16). Voraussetzung für jedes Spiel ist die Annahme „eines geschlossenen, konventionellen und in gewisser Hinsicht fiktiven Universums" (ebd., S. 27).

2.3.1 Kategorien von Spielen

CAILLOIS schlägt die Einteilung in vier Hauptkategorien vor:
> „Caillois hat Spiele als anthropologisches Phänomen in vier Kategorien zerlegt – ,agôn, alea, mimicry, ilinx' – und als Wettstreit, Zufallsergebenheit, Maskierung und Rausch erklärt." (MATUSCHEK 1998: 17)

Man sollte bedenken, dass diese Kategorien in konkreten Spielen zumeist vermischt auftreten:
- *Agôn*, der Wettkampf, beschreibt dabei eine ganze Gruppe von Spielen, die darauf ausgelegt sind, einen Sieger zu ermitteln. Ein Ziel der Spielregeln ist es dabei, eine künstliche Gleichheit der Chance zu erzeugen,

2.3 ROGER CAILLOIS

damit – von der Ausgangslage des Spiels her – keine Partei benachteiligt ist. Als Beispiele mögen Sportarten wie Tennis, Fußball, Golf, aber auch Schach dienen. „Triebfeder des Spiels ist für jeden Konkurrenten der Wunsch, sein hervorragendes Können auf einem Gebiet anerkannt zu sehen" (CAILLOIS 1982: 24). *Agôn* ist in der Regel trainingsintensiv.

- *Alea* bezeichnet das Glücksspiel und zwar in einer Ausprägung, in welcher der Spieler nicht den geringsten Einfluss hat. Vom einfachen Münzwurf über Roulette bis zur Lotterie darf laut CAILLOIS der Spieler mit allem rechnen und allem vertrauen – nur nicht sich selbst.

Die meisten Kartenspiele verbinden *agôn* mit *alea*, da der Zufall nur ein (wichtiges) Element innerhalb eines Wettstreits ist.
Während in diesen beiden Kategorien die Welt zu einer anderen umgestalt wird, um ihr zu entfliehen, macht in der folgenden der Spieler sich selbst zu einem anderen:

- *Mimicry* beschreibt Illusionsspiele, von der kindlichen Nachahmung, über die Beseelung von Puppen und den Einsatz von Masken bis hin zum Theater. Man könnte hier als Begriffe auch Simulation, Einbildungskraft und Rollenspiel einsetzen (vgl. NEWMAN 2004: 22). Dabei betreiben nicht nur die Darsteller *mimicry*. Auch das Publikum, das sich mit einer Figur identifiziert, kann dieser Kategorie zugerechnet werden. Das Spiel, das ein Zuseher während eines *agôn*s betreibt, wäre also *mimicry*, genauso die Identifikation mit einem Romanhelden während des Lesens. CAILLOIS gesteht ein, dass ein Wesenszug von Spiel bei *mimicry* eingeschränkt sei: Es gäbe nur eine Regel – nämlich die, die Illusion für eine gewisse Zeit nicht zu zerstören.

- *Ilinx* schließlich „fasst jene Spiele zusammen, die auf dem Begehren nach Rausch beruhen und deren Reiz darin besteht, für einen Augenblick die Stabilität der Wahrnehmung zu stören und dem klaren Bewusstsein eine Art [...] Panik einzuflößen" (CAILLOIS 1982: 32). CAILLOIS ordnet diesem Bereich etwa Tanz oder den Geschwindigkeitsrausch, unter anderem auf der Achterbahn, zu. Die Freude entstammt hier der Bewegung (vgl. NEWMAN 2004: 22).

Auch wenn die einzelnen Kategorien teils nur vage mit dem Spielbegriff verbunden scheinen, sei doch schon angedeutet, dass wir sie alle in Videospielen wiederfinden werden können.

2.3.2 Paidia und Ludus

Innerhalb der vier Kategorien kann man einzelne Spiele beziehungsweise Spielvorgänge jeweils in Richtung von zwei entgegengesetzten Polen – *paidia* und *ludus* – zuordnen. Sie sind dabei aber keine Kategorien des Spiels, sondern Spielweisen (vgl. CAILLOIS 1982: 63):

- Bei *paidia* handelt es sich um „die spontane Manifestation des Spieltriebes" (ebd., S. 37). Dies beginnt etwa beim Bleistift, den man zwischen den Fingern kreisen lässt, oder bei Blättern, die man einzeln und nacheinander ausreißt. Andere Beispiele von *paidia* in der stärksten Ausprägung wären der spontane und ungeregelte Wettlauf, der Münzwurf, kindliche Nachahmung oder Drehspiele.
- *Ludus* erscheint Caillois als disziplinierende und bereichernde Weiterentwicklung von *paidia*. *Ludus* ist (gesellschaftlich) organisiert und besitzt festgeschriebene Regeln. Man sollte es nicht mit *agôn* verwechseln, denn ein Wettbewerbscharakter ergibt sich aus diesen Umständen nicht zwingend. Neben Sportwettbewerben wären die Lotterie oder das Theater Beispiele für *ludus*.

Zwischen diesen beiden extremen Polen liegt freilich eine ganze Achse von weniger freien beziehungsweise gemaßregelten Spielen.

2.4 Game versus Play

In der weiteren Anwendung von CAILLOIS' Theorie werden *paidia* und *ludus* trotz einer gewissen Problematik oft mit *game* und *play* in Übereinstimmung zu bringen versucht.[4] Um das tatsächlich zu bewerkstelligen, besteht freilich die Notwendigkeit der Neuinterpretation oder zumindest Aufweichung von CAILLOIS' Begriffen.

Der Videospieltheoretiker GONZALO FRASCA (2001) hat dazu den einflussreichsten Beitrag geleistet. Der Unterschied zwischen *game* und *play* lässt sich nach FRASCA am einfachsten in Bezug auf den Ausgang des

---

4 Abgesehen davon, dass *play* im Englischen auch Schauspiel oder Theaterstück bedeutet, was – wie wir gesehen haben – für CAILLOIS durchaus ein Teil von *ludus* ist, kann man diesen Ansatz als funktionierend ansehen.

2.4 Game versus Play

Spieles festmachen. Entscheidend ist das Ziel eines Spiels: Bei *play* gibt es weder Gewinner noch Verlierer; *games* enden im Gegensatz dazu mit einem feststehenden Sieger.

FRASCA schlägt folglich eine Überarbeitung der Terminologie von ROGER CAILLOIS vor. *Paidia* sei eine "physical or mental activity which has no immediate useful objective, nor defined objective, and whose only reason to be is based in the pleasure experienced by the player" (FRASCA 1999). *Ludus* dagegen beschreibe "activity organized under a system of rules that defines a victory or a defeat, a gain or a loss" (ebd.). *Ludus* verlangt daher externe Regeln, während *paidia* rein intern vom Spieler geregelt werden kann (vgl. NEWMAN 2004: 19 f.).

Ludus bezeichnet ein Spiel, das Gewinner und Verlierer produziert. Die Regeln von *ludus* definieren folglich die Bedingungen des Sieges. *Paidia*-Regeln dagegen definieren oder beschränken den Spielvorgang selbst (und wie man mit den Spielrequisiten umzugehen hat). Sowohl *game* als auch *play* enthalten *paidia*-Regeln, aber nur das *game* hat zusätzlich die für *ludus* typischen Sieges-Regeln (vgl. FRASCA 2001: 7–11).

Im *play*-Modus werden *paidia*-Regeln und auch Ziele gemeinhin von den Spielern spontan oder intuitiv festgelegt, während bei *games* sowohl *paidia*- als auch *ludus*-Regeln von vornherein definiert sind. Der Übergang erfolgt oft fließend. Laut FRASCA verfügt etwa Schach sowohl über *paida*-Regeln (die Zugmöglichkeiten der Figuren) als auch über solche für *ludus* (das Schachsetzen) (vgl. KÜCKLICH 2002: 60).

In Spielen wie etwa der Stadtplanungssimulation „SimCity" (1989) – einem *paidia*-Spiel, da es keine festgelegten Gewinnvorgaben enthält – sind die *paidia*-Regeln ebenfalls im Vorhinein festgelegt. Der Spieler kann sich jedoch immer noch selbst Ziele setzen (vgl. ESKELINEN/TRONSTAD 2003: 203).

Damit wären wir auch schon mitten in der Diskussion um Videospiele. Für manche Autoren ist „SimCity" bereits ein Grenzfall (vgl. JUUL 2005: 35), denn für sie setzen sich die Game Studies, wie der Name bereits andeutet, hauptsächlich mit *games* – im Gegensatz zu *play* – auseinander. Wir wollen im Rahmen dieser Arbeit jedoch auch Grenz- und Zweifelsfälle nicht ausschließen, verstehen wir uns doch viel eher deskriptiv, denn normativ.

Bevor wir aber auf konkrete Spiele eingehen, sollten auch im Kontext der Computer- und Videospiele noch einige Begriffe geklärt werden.

3 Computer- und Videospiele – Grundlagen

3.1 Eine Definition

Als Grundlage für diese Arbeit soll eine breite Definition des Begriffs Computer- bzw. Videospiel dienen. Eine erste Aufmerksamkeit verlangt dabei die Unterscheidung zwischen Computerspielen und Videospielen.

Der Begriff „Videospiel" bezieht sich dabei nicht so sehr auf die Betonung des visuellen Aspekts, sondern auf die Unterscheidung zwischen PC- und Konsolenspielen. Üblicherweise wurden Computerspiele mit Spielen auf PCs gleichgesetzt und damit zwangsweise an den Schreibtisch verbannt, während Videospiele auf rein aufs Spielen ausgelegten Konsolen am Fernseher stattfanden.[5]

Generell wird in der deutschsprachigen Literatur das Wort „Computerspiel" dem Wort „Videospiel" vorgezogen, während in englischen Publikationen sich spätestens in diesem Jahrzehnt eine überwiegende Anwendung des Begriffs *video game* etabliert hat. Durch jeden Gebrauch und die Bezugnahme darauf entstehen natürlich in der Folge weitere leichte Konnotationsverschiebungen. Um bilingual argumentieren (und zitierten) zu können, sollten – zumindest im Kontext dieser Arbeit – beide Begriffe als synonym verstanden werden.

Wir sehen sowohl Computer- als auch Videospiele als

> "any forms of computer-based entertainment software, either textual or image-based, using any electronic platform such as personal computer or consoles and involving one or multiple players in a physical or networked environment."
> (FRASCA 2001: 4)

Gleichzeitig wollen wir – wie aus Kapitel 2 ersichtlich – Videospielen zuerkennen, sowohl *paidia* als auch *ludus* sein zu können (vgl. NEWMAN 2004: 27 f.).

---

5 Tatsächlich kam die erste Spielkonsole für den Fernseher, die *Magnavox Odyssey*, 1972 noch ohne Computer aus und konnte weder rechnen noch speichern (vgl. PIAS 2003: 5). In Anbetracht dieser Urform lässt sich auch die Unterscheidung zwischen „Computerspiel" und „Videospiel" erklären.

Damit wäre bereits ein Widerspruch zur Ansicht aufgetreten, dass es sich bei „SimCity" (1989) um einen Grenzfall handle. Wenn wir jede Form von *entertainment software* als Videospiel betrachten, fällt auch *play* in unsere Definition. Gleichzeitig werden durch das notwendige Vorhandensein von *players* nicht-interaktive[6] „Darbietungen" ausgeschlossen.

Eine Definition ist gleichzeitig aber auch immer disziplinabhängig. Das lässt sich schon anhand der unterschiedlichen Strömungen in den Game Studies erkennen. Eine grundlegende Klärung kann daher schwer ohne Blick auf die (zugrundeliegende und daran anschließende) Theorie erfolgen.

3.2 Common Sense: Wie Videospiele wahrgenommen werden

Man sollte aber dennoch nicht vergessen, dass ein theoretisch nicht oder kaum begründeter – und zumindest aus wissenschaftlicher Perspektive naiver – Blick auf Videospiele bei der Alltagsbetrachtung vorherrscht. Auch dieser soll kurze Erwähnung finden. Der Diskurs von Spielern, von Videospielzeitschriften und Gaming-Webpages – also der populäre Diskurs über Videospiele – wirkt auch in die Theorie hinein, und sei es nur in der Form einer Abgrenzung. Vom Spielerstandpunkt könnte man Videospiele in folgende Komponenten aufgegliedert sehen:

- "*Graphics:* Any images that are displayed and any effects performed on them. This includes 3D objects, 2D tiles, 2D full-screen shots, Full Motion Video (FMV), statistics, informational overlays and anything else the player will see.
- *Sound:* Any music or sound effects that are played during the game. This includes starting music, CD music, MIDI, MOD tracks, Foley effects, environment sound.
- *Interface:* The interface is anything that the player has to use or have direct contact with in order to play the game ... it goes beyond simply the mouse/ keyboard/joystick [and] includes graphics that the player must click on, menu systems that the player must navigate through and game control systems such as how to steer or control pieces in play.

---

6 Zur Interaktivität und der Sinnhaftigkeit eines Konzeptes von Nicht-Interaktivität vgl. Kapitel 7.1.

3.2 Common Sense: Wie Videospiele wahrgenommen werden

- *Gameplay:* Gameplay is a fuzzy term. It encompasses how much fun a game is, how immersive it is and the length of playability.
- *Story:* The game's story includes any background before the game starts, all information the player gains during the story or when they win and any information they learn about characters in the game." (HOWLAND 1998; zitiert nach NEWMAN 2004: 11)

Diese Einteilung ist einerseits selbsterklärend, andererseits ist leicht erkennbar, dass in der Darstellung eine gewisse Systematik fehlt. Sie ist jedoch als Übersicht über den „organisch gewachsenen" bzw. aus den Notwendigkeiten eines bestimmten Diskurses entstandenen Blick auf Spiele sehr brauchbar.[7] Grafik, Sound und Interface sind selbsterklärend. Nach dieser Aufgliederung weisen Spiele neben dem *gameplay* auch eine *story* auf.

Stellen wir dieser Betrachtung vom Standpunkt des *Game Design* aus jene des frühen Videospieldesigner CHRIS CRAWFORD entgegen. Der lieferte 1982 in *The Art of Computer Game Design* eine andere Art von Systematisierung der Möglichkeiten von Computerspielen. Bemerkenswert ist, dass CRAWFORD Spiele gleich als ersten Schritt von Geschichten („stories") unterscheidet (1997: 10). Damit sagt er jedoch nicht aus, dass Computerspiele keine Geschichten enthalten oder enthalten können. In einem weiterem Schritt unterscheidet CRAWFORD Computerspiele von „traditionellen" Spielen (ebd., S. 38). Er definiert sechs entscheidende Vorteile von Computerspielen gegenüber anderen Spielen.

- Computer sind dynamisch. Alle Spielelemente können jederzeit verändert werden. Innerhalb der Spielelemente muss kaum Konstanz aufrechterhalten bleiben. Das Computerspiel kann so stärker auf die Wünsche des Spielers eingehen als es traditionelle Spiele können.
- Der Computer kann als Schiedsrichter dienen.
- Da der Computer die administrativen Aufgaben schneller erledigt als die Spieler überhaupt spielen können, ermöglicht dies Spiele in Echtzeit.
- Der Computer kann als ein „intelligenter" Gegner eingesetzt werden.
- Es ist im Computerspiel einfacher möglich, das Wissen der Spieler über die Spielmechaniken beschränkt zu halten beziehungsweise diese zu verbergen.

---

7 Anzumerken sei noch, dass diese Darstellung aus einem Text über *Game Design* stammt, es sich also keineswegs um einen rein konsumentenspezifischen Zugang handelt.

- Über Telekommunikation ist es möglich, viel mehr Spieler in ein Spiel einzubinden als das im vorherigen Rahmen machbar war.

CRAWFORD schrieb diese Definition zu einer Zeit, als Videospiele wissenschaftlich noch nicht erschlossen waren. Gleichzeitig stammten die frühesten Videospiele aber aus Institutionen, die – als Brutstätten der Computertechnologie – ungemein stark mit Wissenschaft und Innovation verknüpft waren. Als CRAWFORD *The Art of Computer Game Design* verfasste, war das erste nachgewiesene (und für lange Zeit vergessene) Computerspiel kurz davor, seinen fünfundzwanzigsten Geburtstag zu feiern.

4 Fünfzig Jahre Computerspielgeschichte

4.1 Analoge Computerspiele und computerlose Videospiele

Noch vor der Entwicklung des Digitalcomputers entstand das erste Computerspiel. Im Oktober 1958 kreierte WILLY HIGINBOTHAM, ein Physiker, der maßgeblich an der Entwicklung des Radars beteiligt und 1945 zuständig für die Konstruktion des elektronischen Zeitzünders der ersten Atombombe war, im Labor ein elektronisches Tennisspiel. HIGINBOTHAM war 1945 zum Atomwaffengegner geworden und in die zivile Forschung gewechselt. Das „Brookhaven National Laboratory" mit seinen drei Versuchsmeilern wirkte für die Bevölkerung in den umliegenden Gemeinden dennoch nicht gerade vertrauenserweckend. Computer – riesige Maschinen, die oft ganze Gebäudetrakte einnahmen – hatten ein nur wenig besseres Image als Meiler.

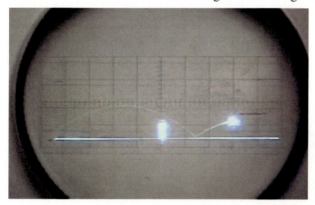

Abb. 1
„Tennis for two"

Um für breitere Akzeptanz zu sorgen, wurde ein Tag der offenen Tür eingeführt. Damit HIGINBOTHAM etwas auf einem Computersystem demonstrieren konnte, entwickelte er eine Art Tennisspiel. Er nannte es „Tennis for two". Für die Skizzierung der Schaltkreise benötigte er nur einige Stunden, für die Umsetzung in ein funktionierendes Computersystem brauchte ein Team einige Wochen.[8] Dann aber hüpfte ein Ball – genauer gesagt ein Punkt

---

8 Analogcomputer wurden nicht im heutigen Sinne programmiert, sondern für ein bestimmtes Programm als Hardware konstruiert.

– auf einem Oszillographen hin und her und konnte mit zwei elektronisch dargestellten Schlägern umdirigiert werden. Dieses abstrakte Tennisspiel aus der Seitenperspektive bestand grafisch in seiner Gesamtheit aus vier Linien und einem Punkt. Die Besucher am Tag der offenen Tür sollen stundenlang angestanden haben, um spielen zu können (vgl. PIAS 2002: 13 ff.).

Dank des großen Erfolges entwickelte HIGINBOTHAM „Tennis for two" fürs nächste Jahr weiter. Nun konnte man zusätzlich mit verschiedenen Schwerkraftsverhältnissen experimentieren. In den Folgejahren forcierte er aber andere Projekte für die Besucher. Das Spiel geriet in Vergessenheit.

Erst beinahe ein Jahrzehnt später sollte von einer anderen Seite her ein kommerzieller Neubeginn gestartet werden. RALPH BAER, seines Zeichens Fernseh- und Elektronikingenieur, entwickelte bei der Firma *Sanders Associates* 1966 die Idee zu einem Heimvideospiel und meldete ein Patent für einen „Television Gaming and Training Apparatus" an. BAER ging es darum, weitere Verwendungsmöglichkeiten für Fernsehgeräte zu schaffen, die in den vorangehenden Jahrzehnten einen zentralen Platz in fast allen amerikanischen Haushalten erobert hatten. Es dauerte aber bis ins Frühjahr 1972, bis dieses erste Heimvideospiel schließlich vom Fernsehhersteller *Magnavox* unter der Bezeichnung *Odyssey* in Massenfertigung ging. Die *Odyssey* verkaufte sich passabel, aber erst im Herbst desselben Jahres sollten Videospiele erstmals echte Breitenwirksamkeit erzeugen (vgl. LISCHKA 2002: 26 ff.).

Abb. 2 Magnavox Odyssey

4.1 Analoge Computerspiele und computerlose Videospiele

Die *Magnavox Odyssey* kam noch ohne Computer aus. Beim „Bildschirmtennis" musste man sich noch selbst den Spielstand merken (vgl. PIAS 2003: 5) – die *Odyssey* konnte nicht zählen. Das ein halbes Jahr später erscheinende (und ungemein teurere) „Pong" war dazu in der Lage.

4.2 Hallen und Wohnzimmer

„Pong", das erste Spiel der Firma *Atari*, war auch nicht fürs Wohnzimmer gedacht, sondern für Lokale und *arcades*[9]. Und – so stellte sich später bei einem Gerichtsverfahren heraus – es war direkt vom „Protopong" der *Odyssey* beeinflusst. NOLAN BUSHNELL, der Gründer ATARIs, war bei einer Vorführung von *Magnavox* über dieses Spiel gestolpert, noch bevor er „Pong" entwickelte.

Die Idee, Computer für Spiele zu nutzen, hatte er aber bereits vorher gehabt. Erfolg stellte sich freilich erst mit dem überaus simplen „Pong" ein. Dem ersten Computerspiel als kommerziellem Massenprodukt überhaupt – „Computer Space" (1971), ebenfalls von BUSHNELL entwickelt – war kein finanzieller Erfolg beschieden gewesen. „Computer Space" war eine Variante und Weiterentwicklung von „Spacewar!" (1962), einem Spiel für den ersten Minicomputer *PDP-1*. Zu diesem „nur" noch der Größe von drei Kühlschränken entsprechenden Gerät hatte die Öffentlichkeit freilich nie Zugang gehabt (vgl. PIAS 2002: 23).

Eines der ersten Geräte wurde aber ans MIT geliefert. Einige Mitglieder des dortigen studentischen „Tech Model Railroad Club" hatten sich immer mehr von dioramaartigen Landschaften[10] und Eisenbahnmodellen abgewandt und sich im Rahmen des Clubs stärker aufs Programmieren konzentriert (vgl. LISCHKA 2002: 24). Einer von ihnen, STEPHEN RUSSELL, hatte in diesem

---

[9] Die *arcades* – Arkaden, ursprünglich der Standort kleiner Geschäfte – entwickelten sich in den USA bereits gegen Ende des 19. Jahrhunderts zum Ort für technisches Spielzeug mit Münzschlitz. Deshalb kann *arcade* als „Spielhalle" übersetzt werden. Für einen amüsanten Blick auf (die noch bildschirm- und computerlosen) Groschenapparate – in diesem Fall Flipper – und „[d]ie Manie welche sie hervorrufen" vgl. CAILLOIS (1982: 208 ff.).

[10] Warum dies interessant ist, wird in Kapitel 9.2.2 geklärt.

Kontext die Idee zu einem Computerspiel entwickelt. In der Folge setzten die Clubmitglieder es unter dem Name „Spacewar!" gemeinsam um.

Abb. 3
„Spacewar!"

Zwei Dreiecke – „Raumschiffe" – wurden von zwei Spielern über den Bildschirm gesteuert. Ziel war es das Raumschiff des anderen Spielers abzuschießen (vgl. PIAS 2002: 84 ff). In den folgenden Jahren wurde „Spacewar!" erweitert und modifiziert. Im Gegensatz zu „Tennis for two" lief dieses zweite Computerspiel der Geschichte auf einem digitalen Rechner. Man musste nicht mehr neue Hardware konstruieren, um ein Programm zum Laufen zu bringen. Es reichte, dass die Studenten unzählige Nächte fürs Programmieren opferten.

Während BUSHNELLs Münzautomatenversion von „Spacewar!" ein Heft mit Bedienungsanleitung, Gravitationseffekte und eine ungewohnte Steuerung der Raumschiffe bot – man konnte nur durch Gegenschub nach einer 180°-Drehung um die eigene Achse bremsen – beschränkte sich die Anweisung bei „Pong" (1972) auf folgenden Satz: „avoid missing ball for highscore".

Das Prinzip und die schwarzweißen Grafikelemente von „Pong" haben sich so weit in unser popkulturelles Bewusstsein eingebettet, dass man das Spiel heute eigentlich nicht einmal mehr mit diesem Satz erklären muss. Jeder der beiden Spieler steuert einen Block – Schläger – am linken beziehungsweise rechten Bildschirmrand und versucht ein Quadrat – den Ball – nicht passieren zu lassen. Als vollkommene Neuheit ohne mediale Vergleichsmöglichkeit – deren Gehäuse allein schon so aussah, als wäre es aus einem Sciencefictionfilm auf die Erde gebeamt worden – wirkte „Computer

4.2 Hallen und Wohnzimmer

Space" zu befremdlich, um potenzielle Spieler den Schritt wagen zu lassen, Geld einzuwerfen. Erst das simplere „Pong" (1972) brachte den kommerziellen Durchbruch und schaffte einen Markt für Computerspiele (vgl. LISCHKA 2002: 112).

Abb. 4 „Computer Space"

1974 folgte nach dem großen finanziellen Erfolg der Spielhallenversion schließlich „Home Pong". Das selbe Prinzip für Wohnzimmer und Fernseher sorgte für weitaus höhere Verkaufszahlen, als die *Magnavox Odyssey* je erzielt hatte – und das, obwohl man eben nur „Bildschirmtennis" spielen konnte. Es folgten unzählige Imitationen des Geräts durch andere Hersteller.

Die nächste entscheidende Weiterentwicklung ging jedoch 1977 wieder von *Atari* aus. Durch die Spielkonsole *Atari VCS – Video Computer System –* wurden wechselbare Spielmodule[11] populär gemacht.

---

11 Im Gegensatz zu magnetischen oder optischen Speichermedien sind auf Modulen die Daten in elektronischen Bausteinen gespeichert. Es wird der Spielkonsole beim Einstecken eines Moduls also im Grunde ein zusätzlicher (Read-Only-) Speicher hinzugefügt, der die Spieldaten enthält.

Abb. 5 Atari VCS

Spielerische Innovationen kamen aber immer noch aus den Spielhallen. Besonders japanische Produktionen wie „Space Invaders" (1977) oder „Pac-Man" (1980) entwickelten sich zu Hits. Die amerikanischen Hersteller von Heimkonsolen sahen kaum einen Grund, dazu den Erfolgskurs der frühen Achtziger durch Innovationen zu „gefährden". Das war einer der Gründe dafür, dass gegen Ende 1982 und vor allem während des Jahres 1983 der Videospielmarkt kollabierte. Zu viele Hersteller hatten sich mit jeweils eigenen Systemen, die spezielle Software benötigten, auf den Markt gedrängt. Zudem gab es noch keine Erfahrungswerte, ob und womit man potenzielle Spieler fesseln konnte. Noch hatte sich nicht herumgesprochen, dass es nicht genügte, eine zugfähige Lizenz zu verwerten.

Beinahe alle Unternehmen zogen sich aus dem einst so lukrativen Bereich zurück (vgl. LISCHKA 2002: 51). Das entstandene Vakuum wurde von Heimcomputern und dem japanischen Unternehmen *Nintendo* besetzt.

4.3 Geschichten in Computerspielen

Noch lange bevor sich eine Industrie rund um Videospiele gebildet hatte, wurde auf den *PDP*-Geräten – inzwischen war man beim *PDP-10* angelangt – noch etwas anderes als nur „Spacewar!" gespielt. Aus einer textbasierten Höhlensimulation von WILLIAM CROWTHERS, die man noch nicht als Spiel bezeichnen konnte, entwickelte sich unter dem Einfluss des ersten Pen'n'Paper-Rollenspiels „Dungeons & Dragons" (1974) ein vollkommen anderes Spielprinzip als jenes, das die *arcades* nahelegten. Gemeinsam mit DON WOODS füllte CROWTHERS das virtuelle Höhlensystem mit Ortsbeschreibungen, Objekten und Schätzen, bis es an die Verliese aus dem Rollenspiel erinnerte. Die Zufallselemente von „Dungeons & Dragons", die unterschiedliche Wahrscheinlichkeiten für unterschiedliche Aktionen ausdrücken sollten, wurden jedoch nicht übernommen. Stattdessen integrierten CROWTHERS und WOODS eine Punktezählung. Unter dem Namen „Adventure" (1976) in Umlauf gebracht, wurde das nichtkommerzielle Spiel auf unzählige Computersysteme übertragen.

Gleichzeitig entwickelte sich der Name zum Synonym für eine neue Art von Computerspielen. 1977 wurde von Studenten am MIT „Zork" entwickelt – ein neues Spiel, das auf der Idee von „Adventure" basierte. Nach dem Abschluss ihres Studiums gründeten sie 1979 die Firma *Infocom* und vertrieben ihr „Adventure" kommerziell. Ein neues Genre war entstanden. Da die Spiele vollkommen auf Grafik verzichteten und stattdessen die Spielewelt textuell beschrieben, wurden sie bald auch als *interactive fiction* bezeichnet.

Adventures benötigten ein anderes Interface als Actionspiele. Sie schienen perfekt geschaffen für Heim- und Personalcomputer, die im Gegensatz zu den Videospielkonsolen mit einer Tastatur ausgestattet waren. Doch die Ära der Textadventures dauerte nur kurz. Die technisch immer leistungsstärkeren Computer waren zu mehr in der Lage, als nur ASCII-Zeichen darzustellen – und die immer neuen Möglichkeiten warteten darauf, eingesetzt zu werden. Die Befehlszeile der frühen Betriebssysteme wurde vom grafischen Interface verdrängt und die Textadventures landeten in einer nichtkommerziellen Nische.

Gleichzeitig kehrten die Heimkonsolen nach nur wenigen Jahren zurück – mit weit größerem Erfolg.

4.4 Die Rückkehr der Videospiele

Kaum zwei Jahre nach dem großen Videospielcrash der frühen Achtziger wagte sich der traditionelle japanische Spielkartenhersteller *Nintendo* auf den westlichen Markt. 1981 hatte die Firma mit dem Arcade-Game „Donkey Kong" einen Hit erzielt. Dafür konnte vor allem der Spieldesigner SHIGERU MIYAMOTO verantwortlich gemacht werden. Während es für das Unternehmen ein Leichtes war, den japanischen Heimkonsolen-Markt mit dem *Family Computer*, kurz *Famicom* (1983), zu übernehmen, rechnete nach dem Zusammenbruch des westlichen Marktes keiner mit dessen Wiederbelebung. Die Heimcomputer boten schließlich die Möglichkeit, selbst zu programmieren. Während ein Reiz der frühen Videospiele darin bestand, hinter die Scheibe des Fernsehers – hinter jenen unkontrollier- und uneinnehmbaren „Außenraum" im eignen Wohnzimmer – vorzudringen, erweiterten die frühen Heimcomputer die „Userrechte" noch um einiges (vgl. PIAS 2003: 10). Hier schien ein Modell der Partizipation jenem einer „Spiele-Kulturindustrie" entgegenzustehen.

*Nintendo*s Erfolg war unabhängig von solchen Überlegungen. Zwar trug das *Nintendo Entertainment System*, kurz *NES* (1985) – das Redesign des *Famicom* für westliche Gefilde – explizit keinen Bezug zu Videospielen im Namen und auch das Design der westlichen Version schien hauptsächlich darauf ausgelegt zu sein, möglichst keine Assoziationen zu den früheren und gescheiterten Videospielgeräten herzustellen. Aber natürlich war das *NES* trotzdem eine Spielkonsole. Besonders dank der von MIYAMOTO designten Titeln wie „Super Mario Bros." (1985) und „The Legend of Zelda" (1986) verkaufte sich das *NES* über das gesamte Jahrzehnt hinweg besser als alle seine Vorgänger, insgesamt 60 Millionen mal.

Abb. 6 „Super Mario Bros." (1985)

Erst als die Konkurrenz – hauptsächlich der japanische Hersteller *Sega* – mit neuer 16-Bit-Technologie[12], wie sie sich am Heimcomputermarkt schon

---

12 Die Bit-Angaben beziehen sich darauf, wie viele Zeichen während eines Taktes – eines Arbeitsschritts des Prozessors – gleichzeitig verarbeitet werden können. Das *NES* war beispielsweise Teil der 8-Bit-Generation. Im Laufe der Zeit verlor die Bit-Zählweise immer stärker an Bedeutung, weil die Geschwindigkeit gegenwärtiger Rechner von vielerlei Faktoren abhängt.

4.4 Die Rückkehr der Videospiele

durchgesetzt hatte, Anfang der 1990er konterte, kam auch *Nintendo* unter Zugzwang. Spätestens zu diesem Zeitpunkt wurde klar, dass man nur mit immer fortschreitender Technologie das Interesse der Kunden würde wachhalten können. Tatsächlich war der eroberte Marktanteil *Sega*s nur zu einem gewissen Prozentsatz auf die Technik zurückzuführen. Während *Nintendo* rigide für ein halbwegs sauberes Image der Videospiele kämpfte, war die Konkurrenz bereit, Splatter und einen Hauch erotischer Andeutung zuzulassen. Das Marketing war nicht mehr auf Siebenjährige, sondern auf Zwölfjährige ausgerichtet.

Im Produktionszyklus der 16-Bit-Generation – inzwischen waren die Heimcomputer von immer preisweiter werdenden Personal Computern verdrängt worden – stand mit der Einführung der CD-ROM mit einem Schlag vorher ungeahnte und günstige Speicherkapazität zur Verfügung.

4.5 PC-Spiele

Parallel zum „Konsolenkrieg" der frühen 1990er hatte sich auf den PCs eine andere Spielekultur entwickelt. Für einige Zeit schien es so, als seien die Personal Computer die Bastion der „langsamen" Spiele. Auch wenn Adventures zurückgedrängt worden waren, Strategie- und Rollenspiele, aber auch Flugsimulatoren, erfreuten sich bei PC-Spielern der größten Beliebtheit. Im Gegensatz zu den 16-Bit-Konsolen ließ sich hier auch bereits 3D-Grafik in Echtzeit umsetzen. Und anders als beim Lizenzmodell, das sich mit *Nintendo*s Marktübernahme im Konsolensektor durchgesetzt hatte – Spiele mussten vom Hardwareproduzenten genehmigt werden und eine recht hohe Lizenzgebühr fiel an diesen –, boten die PCs eine Umgebung, mit der prinzipiell jeder Spiele programmieren konnte.

Tatsächlich formte eine kleine Firma namens *id Software*, die ihre Spiele als Shareware vertrieb, in der Folge den Markt um. Mit „Wolfenstein 3-D" (1992) und besonders „Doom" (1993) wurde eine neue Form des Actionspiels geschaffen, der Ego-Shooter (vgl. KUSHNER 2004).

Aus der Perspektive – im wörtlichsten Sinn – des Protagonisten wurden von diesem Zeitpunkt an der Raum, in der Regel Labyrinthe, durchwandert und durchschossen. Ego-Shooter waren auch die ersten Spiele, die konsequent und marktprägend eine Vernetzung von Computern einforderten. Bis zum Erscheinen von „Counter-Strike" (1999) hatte sich eine eigene Subkultur rund um LAN[13]-Partys gebildet und mit „Counter-Strike" wurde diese Entwicklung nochmals auf ein anderes Niveau gehoben.

Abb. 7
„Doom" (1993)

Aber schon zur Zeit von „Doom" hatte es auch eine ganz andere Entwicklung gegeben. Im Gefolge der Adventures oder – prätentiöser ausgedrückt – von *interactive fiction* ließ sich – so meinten viele zu erkennen – bereits die Unterhaltungsform der Zukunft ausmachen: der interaktive Film. Die Einführung der CD-ROM ermöglichte es, riesige Datenmengen zu speichern und tatsächlich Filmsequenzen in Computerspiele einzubauen.[14] Nur interaktiv waren diese nicht. Zumindest ließ man Spiel- und Filmsequenzen sich abwechseln. Dabei gelangte auch der Begriff der *cut scene* zu zentraler Bedeutung.[15]

---

13 Local Area Network

14 Vgl. etwa „Wing Commander III" (1994), „Phantasmagoria" (1995) oder „The 7th Guest" (1992). Letzteres mag als Beispiel für die Anwendung vorgerenderter, also nichtdynamischer, 3D-Grafik dienen. Als Vorgänger kann der auf *LaserDisc*-Technologie basierende Arcadeautomat „Dragon's Lair" (1983) gelten.

15 Eine *cut scene* ist nichts anderes als eine Unterbrechung des Spiels für eine Szene, in welche der Spieler zum Zuseher wird. Während solcher Unterbrechungen konnten – und können – von den Spieldesignern narrative Elemente eingebracht werden. In der

4.5 PC-Spiele

Abb. 8
„Phantasmagoria"
(1995)

Langfristig – so war man sicher – würde die immer komplexer werdende 3D-Computer-Grafik, wie sie immer stärker in Filmen wie „Jurassic Park" (1993) zum Einsatz kam, dieses Ziel ohnehin ermöglichen. Im Gegensatz zu Ego-Shootern verschwanden die interaktiven Filme aber recht schnell wieder vom Markt. Lange Zwischensequenzen unterbrachen das Spielerlebnis eher, als es zu fördern. Billige Schauspieler und eine große Diskrepanz zwischen der Ästhetik der Filmsequenzen oder jener des Spiels gefährdeten zudem die *suspension of disbelieve* beim Spieler.

4.6 Der Fünfjahreszyklus

Die nächste Videospielgeneration machte sich ebenfalls CD-ROM und 3D-Grafik zunutze. Mit der Einführung von *Sonys PlayStation* (1994) wurden diese Technologien breitenwirksam im Wohnzimmer eingeführt.

Aber *Sony* wusste auch das Marketing einzusetzen, um schlussendlich mehr als 100 Millionen *PlayStation*s zu verkaufen. Anstatt in erster Linie Kinder oder ein technikaffines Publikum ins Visier zu nehmen, wurde zumindest zu Beginn auf *club culture* gesetzt (vgl. POOLE 2000: 20 f.).

Regel dienen sie dazu, Charaktere einzuführen oder Wendungen des Spielgeschehens zu beschreiben.

Spätestens zu diesem Zeitpunkt hatte sich ein Produktionszyklus etabliert, der innerhalb von fünf Jahren eine neue Hardware forderte, um das Interesse der Konsumenten nicht zu verlieren. Auch der Einstieg *Microsoft*s in Videospielgeschäft mit der *Xbox* (2001) änderte daran nichts. Die *arcades* verloren im technischen Wettrennen ab Mitte der 1990er zunehmend an Bedeutung. Einerseits konnten sie die technischen Leistungen der Heimkonsolen nicht mehr überbieten, andererseits hatte sich über Online-Gaming eine neue Umgebung für ein „öffentliches" oder zumindest soziales Spielerlebnis gebildet.

Die *PlayStation 2* (2000) wurde schließlich von der *PlayStation 3* (2006) abgelöst, die *Xbox* (2001) von der *Xbox 360* (2005). *Nintendo* ließ auf den *Gamecube* (2001) den *Wii* (2006) mit seinem ungewöhnlichen Bewegungsinterface folgen. Die technische Evolution von PC-Spielen hängt direkt mit der Entwicklung schnellerer Grafikkarten zusammen. Diese kommen jedoch auch in den aktuellen Konsolen zum Einsatz. Technisch wird der Unterschied zwischen den beiden Hauptentwicklungslinien – PC und Konsole – immer geringer. Die heutigen Konsolen spielen in der Regel auch DVD-Filme ab, besitzen eine Festplatte und ein Betriebssystem und verfügen für Onlinespiele und downloadbare Inhalte über Internetzugang.

4.7 Online-Welten

Seit „Doom" (1993) hatte sich eine neue Spielkultur rund um verlinkte PCs entwickelt – sei es über lokale Netzwerke oder über Modem. In den Ego-Shooter-Gefechten steht das Spiel gegeneinander – oft in Teams – im Vordergrund, während sich aus der Tradition der Rollenspiele ein zweiter starker Strang entwickelte. Sogenannte MMORPGs – Massive Multiplayer Online Role Playing Games – lassen die „Avatare" unzähliger Spieler in einer gemeinsamen virtuellen Welt aufeinandertreffen. Hier steht eher die Interaktion der Spieler als der Wettkampf gegeneinander im Mittelpunkt.

Zwar gab es erste grafikbasierte Vorläufer bereits in den 1980ern – etwa „Habitat" (1985) – doch konnte man in diesem Fall – so wie einst bei den „Adventure"-Vorläufern – noch nicht von Spielen, sondern höchstens von Umgebungen sprechen. Die allererste Online-Umgebung entstand aber bereits 1977 und glich exakt den Text-Adventures. Der Name „MUD" – ein

4.7 Online-Welten

Akronym für *Multi User Dungeon* – setzte sich für eine ganze Gattung ähnlich gearteter Spiele durch. „MUD" und seine zahlreichen Variationen waren noch stärker als ihre Einspieler-Vorgänger an ein akademisches Umfeld gebunden, da hauptsächlich große Institutionen über Netzwerke verfügten.

Erst mit „Ultima Online" (1997) und dem Internetboom wurden MMORPGs populär, mit „World of Warcraft" (2004) wurden sie massentauglich. MMORPGs sind eine Domäne der PCs, in den letzten Jahren haben jedoch auch Spielkonsolen Onlinefähigkeit als Standardfeature erhalten.

Abb. 9
„World of Warcraft"
(2004)

Wie erkennbar ist, lässt sich Beschreibung der Entwicklung von Computerspielen kaum ohne Berücksichtigung unterschiedlicher „Stammbäume", die zu abzweigenden Arten und Genres von Spielen führen, bewerkstelligen. Deren Eigenschaften werden wir uns im nächsten Kapitel zuwenden.

5 Genres

Wie wir feststellen konnten, besitzen unterschiedliche Computerspiele vollkommen unterschiedliche Strukturen. Diese haben sich historisch teilweise unabhängig voneinander entwickelt, zum größten Teil handelt es sich jedoch um eine Ausdifferenzierung, Kombination und Weiterentwicklung vorangehender Spielkonzepte.

Klassischerweise wird bei der Unterscheidung der „Genre"-Begriff verwendet, wobei dieser durchaus eine gewisse Problematik in sich trägt. In der Regel werden thematische und strukturelle Elemente bei der Genreeinteilung vermischt (vgl. KÜCKLICH 2002: 31). Zusätzlich (und durchaus sympathischerweise) wird eine Hierarchie- beziehungsweise Stammbaumbildung durch die universelle Verwendung des Begriffs „Genre" auf allen Unterscheidungsebenen untergraben. Von einer verbreiteten und expliziten Unterscheidung in Genres und Gattungen kann zum Beispiel nicht ausgegangen werden.

Aus all diesen Gründen erscheint eine eher grobe Einteilung als sinnvoll. Aber ähnlich wie bei CAILLOIS überschneiden sich auch hier die unterschiedlichen „Spielarten".

In der Folge unterscheiden wir drei Hauptgenres: Actionspiele, Adventurespiele und Strategiespiele. Dieser Einteilung liegt eine kybernetische Sichtweise des Computerspiels zugrunde.

> „Der Spieler erscheint [...] als rückgekoppeltes *device* oder zweites Programm, dessen Outputs zeitkritisch abgefragt werden (Action), das schon gebahnte Verknüpfungen in einer Datenbank nachvollziehen muss (Adventure) oder das eine Konfiguration variabler Werte zu optimieren hat (Strategie)." (PIAS 2002: 12)

Wie angemerkt treten diese aber so gut wie nie in ihrer Reinform auf. Zudem bilden sich mit neuen Spielen auch immer neue (Unter-) Genres, für die sich erst im Verlauf mehrerer Jahre eine allgemein verwendete Begrifflichkeit durchsetzt.

5.1 Action

Actionspiele zeichnen sich durch eine Betonung der Reaktionsschnelligkeit des Spielers beziehungsweise der Spieler aus. *Agôn* und in beschränkterer Form *ilinx* – Geschwindigkeitsrausch und Kontrollverlust – stehen im Mittelpunkt. Als Beispiele mögen klassische Arcade-Games wie „Space Invaders" (1978), aber auch Ego-Shooter, Jump'n'Runs, Beat'em Ups, Sportsimulationen und Rennspiele gelten.

Damit wird deutlich, wie „ausgefranst" beziehungsweise mit wie vielen „Untergenres" versehen die Überkategorien sind. Die Unterscheidungsmerkmale sind dabei nicht gerade systematisch gesetzt.

Ego-Shooter – im Englischen First-Person-Shooter genannt – verdanken zumindest die erste Hälfte ihres Namens der Darstellungsperspektive.[16] Der „Shooter"-Aspekt lässt sich leicht mit den anderen Untergenres in Verbindung bringen. Jump'n'Runs und Beat'em Ups beschreiben beinahe schon bildlich, was der Spieler *tut*: eben springen und laufen oder aber (virtuelle Gegner) prügeln. Hier findet sich äußerst selten eine Ego-Perspektive. Stattdessen steuert der Spieler ein in der Regel komplex animiertes Icon, einen Spielercharakter über den Bildschirm. Der Spielercharakter ist zugleich Leerstelle – der Platz, den der Spieler selbst besetzen kann – und selbstständige Persönlichkeit. Eine eigenständige Persönlichkeit besitzt die Spielfigur in dem Rahmen, in dem ihre Bildschirmrepräsentation von Grafikern ausgestaltet wurde, und durch ihr spielerunabhängiges Verhalten in *cut scenes*.

Während in Sportspielen in der Regel zwischen mehreren potenziellen Spielercharakteren blitzschnell gewechselt wird, spielt in Rennspielen wiederum die Ego-Perspektive (und *ilinx*) eine größere Rolle. Ein Spielcharakter – abgesehen vom Fahrzeug – tritt nur in seltenen Fällen und dann marginal auf.

Die Überwindung (und das Erkundschaften) von Raum spielt in den meisten Fällen eine große Rolle. Dies kann jedoch als stets vorhandenes Adventure-Element verstanden werden.

Generell lässt sich über die Jahrzehnte hinweg ein Trend dazu feststellen, dass alle Genres zeitkritische Aspekte – sprich Actionelemente – aufgenommen haben. Das liegt einerseits daran, dass die Computer schneller in ihren

---

16 Dies könnte mitunter als Teil von *mimicry* gedeutet werden (vgl. Kapitel 2.3.1).

Berechnungen der Spieleraktionen und deren Folgen wurden, andererseits auch daran, dass mit einer Betonung des Multiplayer-Aspekts, besonders in Online-Spielen, die Handlungen aller Spieler synchronisiert verlaufen müssen. Dies lässt sich am einfachsten über eine gemeinsame Zeitachse bewerkstelligen, auf die alle Spieler entsprechend reagieren müssen.

5.2 Adventure

Adventurespiele stellen den Spieler oberflächlich betrachtet vor Rätsel, die mit Einsatz seiner Problemlösungskompetenz – oft durch langsames und analytisches Vorgehen – gelöst werden können. Wie bereits angemerkt, geht es aber im Grunde darum, bereits vorhandene Strukturen einer Datenbank nachzuvollziehen. Diese Datenbanken wurden in der Regel nicht mit abstrakten Daten, sondern mit fiktiven Orten, Personen und Gegenständen gefüllt. In ihrer reinen Form sind Adventures heute selten anzutreffen.

Wie erwähnt, stellt bereits der Erkundungsvorgang im Actionspiel eine deutliche Adventureanleihe dar. Es geht eben darum, die vorgegebene Landschaft zu „lernen". Labyrinthe und andere komplexe und zu meisternde Topologien können als Rätsel verstanden werden. Dieses Verständnis würde vielen Actionspielen – besonders auch Ego-Shootern – einen großen Adventure-Aspekt zugestehen.

Die ursprünglich existierenden Text-Adventures setzten nicht auf grafische Darstellung, sondern beschrieben die Spielewelt verbal. Bei Text-Adventures besteht eine offensichtliche Verbindung zu (literarischen) Texten.[17]

Auch nach der Wandlung von Text zur grafischen Darstellung sprach man immer noch von Adventures. Interessanterweise wurden um statische Bilder erweiterte Text-Adventures zumindest im deutschen Sprachraum als „Grafik-

---

17 Den Textadventures als literarischstes aller Spielegenres wird oft nachgetrauert. Seltener wird ihre Position in Frage gestellt: "[They] may have simply been 'interactive fiction' […]" (FRIEDMAN 1995: 74).

Adventures" bezeichnet, obwohl der Text immer noch die entscheidende Rolle spielte.[18]

Die nächste Generation, die eine Steuerung von Spielcharakteren über den Bildschirm zuließ, wurde anhand des Interfaces unterschieden und als „Point'n'Click-Adventures" bezeichnet. Besonders Spiele des Herstellers *Lucasfilm Games*[19], wie „Maniac Mansion" (1987) oder „The Secret of Monkey Island" (1990), erreichten große Popularität.

Abb. 10 „Maniac Mansion" (1987)

Mit dem kommerziellen Tod der Text-Adventures fiel diese Unterscheidung jedoch weg und man sprach einfach von Adventures, wenn man „Point'n'Click" meinte. Heute ist aber – zumindest in kommerzieller Hinsicht – selbst letzteres Subgenre beinahe ausgestorben.

Größere kommerzielle Bedeutung trägt das „Action-Adventure", das Elemente beider Genres vermischt. Die bekannteste Action-Adventure-Serie ist wohl „The Legend of Zelda" (1986–2006). Narrative nehmen in diesem Genre eine relativ wichtige Rolle ein, sind die in der Datenbank abgelegten Inhalte in der Regel doch vorgegeben. Das Zugänglichmachen der Geschichte „in kleinen Häppchen", die vom Spieler selbstständig verknüpft werden müssen, unterscheidet Adventures jedoch – wie wir in späteren Kapiteln sehen werden – deutlich von konventionellen Texten.

---

18 Als Beispiele dafür mögen die Spiele der Firma *Magnetic Scrolls* dienen, etwa „The Pawn" (1985) oder „Fish!" (1988).

19 1990 benannte sich *Lucasfilm Games* in *LucasArts* um.

5.2 Adventure

Abb. 11
„The Legend of Zelda" (1986)

Während Actionspiele mit den Kategorien von Spielen nach CAILLOIS gut beschrieben werden können, zeigte sich beim Adventure eine stärkere Verknüpfung zu dem, was mitunter *interactive fiction* genannt wird. Damit standen Adventures im Zentrum einer Debatte, die mit ihrer immer kleiner werdenden Rolle zwar nicht an Bedeutung verloren hat, aber auf andere Felder verlagert wurde. Auf dieselbe Weise, wie CAILLOIS Theater als die *ludus*-Seite von *mimcry* ansieht, die Abarbeitung von Narrativen also als Spiel annimmt, kann dies jedoch auch in Adventures interpretiert werden. Das mindestens genau so starke Element der zu lösenden Rätsel wäre entweder unter *agôn* einzuordnen – schließlich löst man Rätsel der Herausforderung wegen – oder mit einer gänzlich unabhängigen Theorie des Rätsels zu beantworten (vgl. dazu MONTFORT 2005: 37 ff.).

5.3 Strategie

Strategiespiele als drittes Übergenre handeln schließlich von der „Konfiguration variabler Werte" (PIAS 2002: 12). Diese Werte bleiben in der Regel freilich nicht abstrakt, sondern repräsentieren Ressourcen wie Güter oder Charaktereigenschaften.

Ein weiterer grundlegender Unterschied bei Strategiespielen in ihrer Reinform existiert in der Spielerperspektive: das Hauptaugenmerk liegt zumeist nicht auf einzelnen Charakteren. In einer der Statistik nicht unähnlichen Ästhetik sind diese ersetzbar. Der Spieler handelt oft aus einer „objektiven" Beobachterperspektive heraus. Ihm selbst wird am Bildschirm keine kontinuierliche Leerstelle in Form eines bestimmten Charakters zum Handeln angeboten, sondern er wählt jeweils Elemente aus, die er für einen Moment steuert. Das klassische Schach bildet ein gutes Beispiel für diese Form von Kontrolle.

Die Konfiguration der Werte innerhalb des Computersystems erfolgt nach zumeist verborgenen Gesichtspunkten. Ob es eine klare Siegesbedingung (*ludus*-Regeln) gibt, spielt eher eine untergeordnete Rolle, da die Kontrolle des Systems (dessen Funktion man über *paidia* erklären könnte), einen motivierenden Selbstzweck darstellt.

Es wird ein System geschaffen, in dem sich der Spieler mehr oder weniger frei bewegen kann, das er modifizieren kann. Inwiefern *ludus*-Aspekte zu Tragen kommen, hängt davon ab, wie stark ein Regelsystem mit Siegesbedingungen implementiert wurde – beziehungsweise, inwiefern der Spieler dieses ignorieren kann. Nirgends sonst zeigt sich die Unabhängigkeit von *play* und *game* in der Praxis so stark wie in diesen Fällen.

Das Untergenre der sogenannten *god games* definiert sich explizit über die relative Allmacht des Spielers in Beziehung zu den Spielfiguren. Als Beispiel hierfür mag der Urahn „Populous" (1989) gelten. In „Populous" sind die Figuren zum Großteil überhaupt nicht steuerbar. Der Spieler kontrolliert im Gegensatz dazu das Terrain, etwa durch Erdbeben oder durch das Anheben oder Senken der Landschaft. In der Folge hat sich der Begriff jedoch auch für Spiele mit direkter Kontrolle über Figuren durchgesetzt.

Klassische Strategiespiele mit Betonung von Siegesbedingungen sind Konfliktsimulationen wie „Advance Wars" (2001). In den letzten fünfzehn Jahren hat sich im Gegensatz dazu das Echtzeitstrategiespiel durchgesetzt. Das Vorgehen bleibt dasselbe – man steuert hauptsächlich Truppenbewegungen und sorgt für Nachschub an Ressourcen –, nur ist in diesen Fällen zeitkritisches Handeln notwendig. Ein populärer und früher Vertreter eines *real-time strategy games* ist „Command & Conquer" (1993).

Das bereits erwähnte „SimCity" (1989), eine Simulation von Stadtplanung, ist das Paradebeispiel für ein Strategiespiel ohne klare *ludus*-Regeln. Solche „Aufbau"-Spiele würden durch eine stärkere Struktur die Handlungsmöglichkeiten des Spielers, der sich dadurch motiviert, schwächen.

5.3 Strategie

Abb. 12 „SimCity 3000" (1999)

Strategiespiele sind – folgt man CAILLOIS' Systematik – des weiteren klar *agôn* zuzuordnen. Mitunter tritt aber ein leichtes und optionales *mimicry*-Element auf, wenn sich der Spieler etwa sich in die Rolle eines Feldherren versetzt fühlt. *Alea* kann in Form eines Zufallsgenerators bei der Bestimmung von Wahrscheinlichkeiten in Erscheinung treten.

5.4 Zwischen den Kategorien

Wie wir gesehen haben, sind die Genregrenzen völlig durchlässig. Es lässt sich in einzelnen Spielen im besten Fall eine Gewichtung festlegen, jedoch selten eine klare Einordnung. Mit der Zeit (und leistungsfähigeren Computern) sind die Grenzen immer weiter verschwommen. Subgenres orientieren sich nach gänzlich anderen Maßstäben. Das Wachsen oder Schrumpfen ihrer Nischen ist hauptsächlich vom kommerziellen Erfolg einzelner Produkte abhängig, die dann Nachfolger und Nachahmer motivieren.

Eines der ältesten Genres, dem keine der drei Kategorien schwerpunktmäßig entspricht, ist das *Rollenspiel*. Es trägt eine ähnliche Verknüpfung zu Narrativen in sich wie das Adventure und lässt sich wie dieses deutlich von computerlosen Pen'n'Paper-Vorfahren wie „Dungeons & Dragons" (1974) ableiten. Es ist anzumerken, dass im Englischen nicht einfach von *roleplaying* gesprochen wird, sondern von *roleplaying games* (RPGs). Im Gegensatz zum Adventure wird im Rollenspiel jedoch das strategische Element des gemeinsamen Vorfahren integriert und der Adventureaspekt tritt – je nach Subgenre – mehr oder weniger stark zurück.

Der Name „Rollenspiel" impliziert eine starke Verbindung zu *mimicry*, die jedoch keinesfalls notwendigerweise gegeben ist. Besonders japanische Computerrollenspiele[20] verlassen sich oft – ähnlich wie Adventurespiele – auf eine Geschichte. Diese sind jedoch häufig sehr stark vorstrukturiert. Der Spieler folgt den Charakteren in narrativen Teilen, die stark auf *cut scenes* basieren, eher betrachtend, als sie selbst zu übernehmen. Entscheidungsfreiheit wird dem Spieler dagegen in den strategischen Kampfsequenzen und im Erkunden der Umgebung zugesprochen.

Neben den zusammensetzbaren Geschichten aus der Datenbank steht in Rollenspielen also ein strategischer Aspekt im Zentrum. Die Charaktere – durch Zahlenwerte beschrieben – müssen dermaßen eingesetzt werden, dass sie andere, ebenfalls durch Zahlenwerte beschriebene Charaktere (Gegner) übertreffen. Es muss mit Ressourcen, etwa der Gesundheit der Charaktere oder mit Ausrüstungsgegenständen, planvoll hantiert werden.

Besonders große Bedeutung haben Rollenspiele gegenwärtig in Form der MMORPGs, der *Massive Multiplayer Online Role Playing Games* erlangt. Diese bieten in der Interaktion mit menschlichen Mitspielern (von denen man freilich nur den Avatar sieht) mehr Platz für *mimicry*. Trotzdem steht auch hier in der Regel ein zeitkritischer Strategieaspekt und das Erkunden von virtuellem Raum im Mittelpunkt (oft zum Zweck des Sammelns von „wertestärkenden" Spielobjekten).

Ähnlich verhält es sich in sogenannten *Simulationsspielen*. Diese können als Unterkategorie der Strategiespiele gelten, wobei in der Regel jedoch ein größerer „Sandkasten"-Effekt vorhanden ist. Dieser bezeichnet eine frei erforschbare Umgebung, wobei *ludus*-Regeln vom Spieler für längere Zeit

---

20 Als archetypisch für das japanische Computerrollenspiel kann die Final-Fantasy-Serie (1987–2006) angenommen werden. „Final Fantasy VII" (1997) gilt als der erfolgreichste Teil.

5.4 Zwischen den Kategorien

ignoriert werden können – oder erst gar nicht vorhanden sind. Der Designer von „Sim City" (1989) und „The Sims" (2000), WILL WRIGHT, bezeichnet seine Spiele auch gar nicht als *games*, sondern als *toys* (vgl. COSTIKYAN 1994). Auch der Begriff *playground* tritt mitunter auf.

Tatsächlich bilden sogenannte *sandbox games* inzwischen ein eigenes Genre. Dabei spielen die tatsächlichen Herausforderungen an den Spieler im Bezug auf die Genredifferenzierung kaum eine Rolle. Stattdessen hat sich der große Freiraum im Sinne von *paidia* als das namensgebende Element durchgesetzt. Neben den bereits erwähnten Spielen von WILL WRIGHT hat sich besonders die „GTA"-Reihe[21] dank der Simulation einer kompletten Stadt als einflussreich erwiesen.

Abb. 13
„GTA: Vice City" (2002)

Wie ein Spiel aus dem Jahr 2006 alle genannten Aspekte in sich vereint, werden wir in Kapitel 11 anhand von „Canis Canem Edit" besprechen. Zuvor wenden wir uns aber der theoretischen Auseinandersetzung mit Computer- und Videospielen zu.

---

21 „Grand Theft Auto" 1–3; „GTA: Vice City"; „GTA: San Andreas" (1998–2004)

6 Die Geschichte der Game Studies – ein Überblick

Die Geschichte dessen, was wir heute als Game Studies bezeichnen, ist recht kurz. Sie ist aber umfangreich genug, dass – will man den Diskurs der letzten 20 Jahre in seiner Gesamtheit nachzeichnen – ein erster Überblick nicht zu sehr in die Tiefe gehen kann. Die in der Folge nur angerissenen Fragestellungen werden deshalb in den nachfolgenden Kapiteln vertieft werden.

6.1 Spiele als Texte

Auch wenn man erst um die Jahrtausendwende die ersten Anzeichen einer Institutionalisierung – inklusive Konferenzen, Online-Zeitschriften und Organisationen – feststellen konnte, wurden bereits Mitte der 1980er die ersten wissenschaftlichen Texte (etwa BUCKLES 1985, RANDALL 1988) publiziert, die man in den Kontext der heutigen Game Studies stellen kann.

Dieses erste wissenschaftliche Interesse zogen Spiele innerhalb des Genres der Textadventures auf sich. Textadventures wurden – auf den ersten Blick sicher naheliegend – als neue Form von Texten betrachtet. Dabei spielte die Ausweitung des Textbegriffs im Bereich der Cultural Studies sicher eine entscheidende Rolle – aber auch die theoretische Aufarbeitung des Phänomens Hypertext. Hypertext-Theoretiker wie GEORGE P. LANDOW (1992, 1997) sahen in ihrem Untersuchungsgegenstand die „Verwirklichung" der poststrukturalistischen Konzepte von ROLAND BARTHES oder JACQUES DERRIDA und übergingen dabei, dass diese Konzepte an Drucktexten und für diese entwickelt worden waren.[22] Auch Computerspiele wurden in diesem

---

22 Extrem verkürzt dargestellt, kritisiert poststrukturalistische Theorie den Subjektbegriff und stellt beispielsweise den Autor als Erschaffer eines Textes in Frage. Einerseits wird der Autor von Einflüssen „gelenkt", andererseits wird die Tätigkeit des Lesers aufgewertet. Dieser konsumiert einen Text nicht nur, sondern konstruiert ihn beim Lesen in gewisser Weise. Auf den ersten Blick eignet sich ein solcher Ansatz natürlich hervorragend für die Auseinandersetzung mit Interaktivität.

Kontext vereinnahmt und als (häufig minderwertige) Hypertexte betrachtet. Während der frühen Neunziger blieb dies dennoch beinahe der einzige wissenschaftliche Annäherungsversuch an Videospiele (vgl. KÜCKLICH 2002: 9).[23]

Unabhängig davon dienten Computerspiele jedoch auch als Beispiel für erfolgreiches *interface design*. Die Beschäftigung mit ihnen wurde aber in den „ernsthaften" Kontext gestellt, die Kommunikation zwischen Mensch und Computer zu verbessern. Als Grundlage dafür wurde etwa die aristotelische Dramatik eingesetzt (LAUREL 1993). Damit war zu einer Zeit, in der sich Spielehersteller rühmten, bald „interaktives Kino" bieten zu können, scheinbar eine weitere Verbindung zwischen Videospielen mit ihrer (noch) jugendlichen Zielgruppe und „reiferen" Medien gefunden worden.

Mitte der 1990er kam es dann aber auch schon zu ersten „Emanzipationsbewegungen" der Computerspieltheorie (etwa FRIEDMAN 1995; FULLER/JENKINS 1995). Der Schwerpunkt des wissenschaftlichen Interesses lag zu diesem Zeitpunkt freilich noch immer beim Genre der Text-Adventures.

6.2 Narrativisten und Ludologen

Einen entscheidenden Einschnitt bildete die Publikation von ESPEN AARSETHs Buch *Cybertext* 1997. Das Konzept des ergodischen[24] Textes bezieht sich zwar nicht nur auf Videospiele, sondern auf beinahe jede nichtlineare Textform. Aufmerksamkeit erregte *Cybertext* aber vor allem in den sich gerade strukturierenden Game Studies. AARSETH widersprach der Annahme, dass ein „Trägermedium" Computer notwendig sei beziehungsweise ausreiche, um das Eigentümliche an interaktivem Text zu beschreiben (AARSETH 1997: 19). Spiele würden nicht durch das Medium ausgemacht, sondern durch die Art und Weise, wie „ihre Texte" funktionieren würden –

---

23 Dabei nimmt man freilich die pädagogische Abarbeitung aus, die in weitesten Teilen nicht mit der Zielsetzung der Game Studies zusammenfällt.

24 Der Begriff – der mit anderer Bedeutung auch in Mathematik und Physik verwendet wird – leitet sich von den altgriechischen Worten *ergon* und *hodos* ab, von „Arbeit" und „Pfad".

6.2 Narrativisten und Ludologen

und dadurch, dass eine Unterscheidung zwischen erfolgreichen und nicht erfolgreichen Benutzern stattfände.

Im selben Jahr wurde auch eines der bedeutendsten Bücher zur narrativen Videospieltheorie veröffentlicht. JANET MURRAY versucht in *Hamlet on the Holodeck* (1997) eine Ästhetik des *cyberdrama*s zu entwickeln. Die besonderen Eigenschaften elektronischer Texten sollten in die vorhandenen Konzepte der Literatur- beziehungsweise Theaterwissenschaft eingebetet und anhand dieser erklärt werden.

Damit wären auch die beiden Standpunkte definiert, von denen in den darauf folgenden Jahren die Debatte innerhalb der Game Studies erfolgte. Hauptsächlich kritisierten dabei die sogenannten *ludologists*[25], die sich viel stärker auf HUIZINGA und CAILLOIS denn auf das erzählerische Potenzial von Spielen bezogen, die *narrativists*. Letztere Bezeichnung gilt als Sammelbegriff für jene Theoretiker, die Computerspiele durch bereits für andere Medien entwickelte Konzepte zu beschreiben versuchten.

Auch Theoretiker der „Neuen Medien" – wie LEV MANOVICH (2001), JAY DAVID BOLTER und RICHARD GRUSIN (BOLTER/GRUSIN 2001) –, die Videospiele einerseits als systematisch für eine neue Mediensprache betrachteten und sie andererseits vor allem in eine Tradition visuell arbeitender Darstellungstechnologie einreihten, gerieten ins Visier der Ludologen.

Tatsächlich besteht bei der Anwendung althergebrachter Modelle die Verlockung, den Spieler in eine „Zuschauerperspektive" zu drängen (vgl. KÜCKLICH 2002: 13). Denn, dass ein Zuseher beziehungsweise Leser nie passiver Rezipient ist, gilt als eine der grundlegenden Thesen der poststrukturalistischen Literaturtheorie. In der Folge wurden innerhalb der Game Studies große Anstrengungen unternommen, das Dilemma zwischen Interaktivität und Narrativität aufzulösen (vgl. etwa AARSETH 1999). Das Storytelling-Modell gilt im ludologischen Diskurs aber weiterhin als unpassend (vgl. FRASCA 2003).

Die Ludologen nehmen an, dass das Fehlen einer zusammenhängenden formalen Disziplin ein Grund dafür war, dass Forscher sich der theoretischen

---

25 In dieser Arbeit werden in Folge die eingedeutschten Worte „Ludologie" und „Ludologe" beziehungsweise „Narrativist" verwendet. Den Kern der Ludologen um die Jahrtausendwende bildeten FRASCA, AARSETH, ESKELINEN und JUUL – zum Großteil also Skandinavier. Beide Bezeichnungen lassen sich erstmals bei FRASCA (1999) nachweisen. Tatsächlich identifizierten sich die vier Genannten (und auch andere) mit der Bezeichnung *ludologist*.

Werkzeuge aus Literatur- und Filmtheorie – und dabei vor allem jenen der Narratologie[26] – bedienten. Narratologie entwickelte sich aus der strukturalistischen Theorie der 1960er Jahre und ist auf „der Suche nach den gemeinsamen universalen Strukturen hinter der unendlichen Vielzahl von Erzählungen unabhängig vom jeweiligen Medium" (HARTMANN 2004: 32). Sie geht von der Transmedialität von Narrativen aus – also davon, dass Geschichten von Medium zu Medium übersetzbar sind, ohne ihre Eigentümlichkeit zu verlieren (vgl. JUUL 2005: 48).

Auch bei Spielen kann man Transmedialität feststellen. Als Beispiel dafür mag Schach dienen: man kann es gegen einen Computer spielen, gegen einen anderen Menschen, oder auch gegen viele gleichzeitig, als Postspiel oder über das Internet, mit oder ohne tatsächliches Brett beziehungsweise Figuren. Die Gestaltung der Spielrequisiten hat dabei kaum Bedeutung für das Spiel selbst.

Von diesem Standpunkt aus betrachtet können Spiele kaum Geschichten sein, sondern stellen als weitere medienunabhängige Form eine Alternative zu ihnen dar. Es entstand in den Game Studies also eine Trennlinie zwischen „Lesen" und „Interagieren", zwischen der dynamischen, adaptiven Simulation und den vermeintlich statischen Narrativen (vgl. NEWMAN 2004: 91).

In den letzten Jahren haben sich die verhärteten Fronten wieder ein wenig gelockert. Das liegt einerseits daran, dass einigen Theoretikern an Vermittlungsversuchen gelegen ist (vgl. JUUL 2005, AARSETH 2004b), andererseits haben sich manche der scheinbar sehr gegensätzlichen Positionen als oberflächliche Unterschiede in Definitionsfragen zu erkennen gegeben.

Ein Lösungsansatz der Ludologen ist es, Videospiele im Gegensatz zu traditionellen Medien als ein ganz neues Paradigma zu sehen: sie basieren demnach nicht auf Repräsentation, auf der Abbildung der Welt, sondern auf einer Alternative dazu: auf Simulation.[27] Eine andere, kompromissbereitere Sicht siedelt Videospiele zwischen real existierendem Regelwerk und fiktiven, imaginierten Welten an (vgl. JUUL 2005).

---

26 „Der Ausdruck Narratologie ist in der englischsprachigen und französischen Literatur üblich, seine Erfindung wird Todorov zugesprochen. Die deutsche Erzählforschung benutzt zumeist den Ausdruck Narrativik. In beiden Fällen handelt es sich um strukturalistisch fundierte Erzähltheorie." (NEITZEL 2000: 11)

27 Eingehend mit dieser Thematik setzt sich Kapitel 9.2 auseinander. Man muss zudem anmerken, dass bereits die frühe Filmtheorie eine Alternative zur Repräsentation aufzuzeigen versuchte (vgl. etwa BALÁZS 1972).

6.2 Narrativisten und Ludologen

Die als Grundsatzfrage auftretende Entscheidung zwischen Spiel als Spiel und Spiel als Geschichte präsentiert sich im Umfeld der Game Studies aber immer noch als eher ästhetisch-normativ denn ontologisch-deskriptiv. Warum das so ist, sollen die folgenden Kapitel klären.

7 Game. Play. Story.

7.1 Interaktivität und Ergodik

Auch wenn wir geklärt haben, dass der Begriff „Spiel" mit einer Vielzahl an Bedeutungen belegt ist, hat es in den Neunzigerjahren des letzten Jahrhunderts ein anderes Wort geschafft, beinahe ebenso vieldeutig und nebulös zu werden: der Begriff „Interaktivität".

Da – besonders in den 1990ern – beinahe alles, was mit Computern in Verbindung gebracht werden konnte, als interaktiv galt beziehungsweise als interaktiv vermarktet wurde – als banales Beispiel mögen nur virtuelle Diashows am Bildschirm gelten, bei denen der User nur den Zeitpunkt des Umschaltens zum nächsten Bild bestimmte – ging die tatsächliche Bedeutung des Begriffes beinahe verloren (vgl. NEWMAN 2004: 26). Die kommerzielle Rhetorik, die den Begriff „Interaktivität" in Zusammenhang mit den oben genannten Beispielen gebracht hat, wurde mitunter unkritisch in den wissenschaftlichen Diskurs übernommen und man muss sich ihrer bewusst sein.

In der Folge wurde das Konzept der Interaktivität einer grundlegenden Kritik unterzogen.[28] LEV MANOVICH (2001) etwa geht so weit, den Begriff „Interaktivität" – zumindest in Bezug auf Computer – als bedeutungslos dazustellen: "it simple means stating the most basic fact about computers" (MANOVICH 2001: 55). Man müsse viel diffizilere Unterscheidungen treffen. MANOVICH verweist auf die Aktivität des Benutzers, die auch traditionelle Medienobjekte und Kunstwerke fordern, und beschreibt „to externalize mental life" (ebd.) als einen langanhaltenden Trend der Moderne, der sich eben auch in den "Neuen Medien" äußert. Tatsächlich werden wir auf die „Leerstellen", die es für den Leser in traditionellen Medien zu füllen gilt, noch zu sprechen kommen.

Andere Theoretiker, etwa ESPEN AARSETH, bevorzugen weniger allgemein konnotierte Begriffe (vgl. AARSETH 1997: 48), auch wenn sie ein ähnliches Konzept ausdrücken wollen. AARSETH spricht etwa von „cybertext" oder „ergodics" (ebd., S. 1).

---

28 Nicht direkt als Gegenmodell zur Interaktivität im Sinne dieses Kapitels zu verstehen, aber durchaus erwähnenswert, bleibt das Konzept der Interpassivität, des delegierten Genießens (vgl. PFALLER 2000).

Egal, welche Begrifflichkeit man nun wählt, ein Videospiel unterscheidet sich dadurch von einem statischen Puzzle, einem Hypertext oder einem DVD-Menü, aber auch von einem Buch oder Gemälde, dass es sich dynamisch an das Verhalten des Spielers anpasst.

AARSETHs Wortkreationen sind von einer Bedeutungsüberladung (noch) verschont geblieben. Der Begriff Ergodik tritt – wie wir gesehen haben – in Zusammenhang mit dem Konzept des Cybertexts auf. Nach AARSETH können elektronische Texte besser verstanden werden, wenn man sie als kybernetische Systeme analysiert. Die traditionelle Literaturtheorie und die Semiotik versagen deshalb im Umgang mit Cybertexten, weil diese nicht einfach aus einer Kette von Zeichen bestehen, sondern sich wie Maschinen oder Zeichengeneratoren verhalten (vgl. FRASCA 2003: 222).

Cybertext konzentriert sich auf diese mechanische Organisationebene von Texten, indem er die Verworrenheit („intricacies", AARSETH 1997: 1) des Mediums als einen integralen Teil des (literarischen) Austausches ansieht. AARSETHs Verständnis von Text entspricht dabei eher dem philologischen, also werkzentrierten, als dem poststrukturellen Konzept, das ein ganzes Universum von Signifikanten entwirft (ebd., S. 20). Entscheidend für das Konzept des Cybertexts ist die Konzentration auf den Konsumenten beziehungsweise User. Während bei herkömmlichen Texten die „Leistung" des Lesers rein gedanklich ist und darin besteht, stets vorhandene Leerstellen auszufüllen beziehungsweise zu interpretieren, muss der User bei Cybertext extranoetisch – also auch außerhalb des bloßen Denkens – handeln. Er trifft Entscheidungen, die sich nicht auf unterschiedliche Lesarten herunterbrechen lassen. Diese auswählende und physische Tätigkeit nennt AARSETH „ergodisch":

> "In ergodic literature, nontrivial effort is required to allow the reader to traverse the text. If ergodic literature is to make sense as a concept, there must also be nonergodic literature, where the effort to traverse the text is trivial, with no extranoematic responsibilities placed on the reader except (for example) eye movement and the periodic or arbitrary turning of pages." (AARSETH 1997: 1 f.)

Hier fällt die Betonung des Begriffs „Literatur" auf. Es muss auf jeden Fall angemerkt werden, dass AARSETH seinen Literaturbegriff selbst relativiert und er sich explizit von Literatur im Sinne eines Kanons distanziert.[29]

---

29 "[A] search for traditional literary values in texts that are neither intended nor structured as literature will only obscure the unique aspects of these texts […]" (AARSETH 1997: 22).

7.1 Interaktivität und Ergodik 57

Cybertext soll auch keine Kategorie bilden, sondern eher eine Perspektive auf Textualität eröffnen (vgl. AARSETH 1997: 24). Anders als der Begriff Text im ersten Moment zu vermitteln erscheint – besonders bei AARSETHs Verzicht auf dessen poststrukturelle Bedeutung –, reduziert sich AARSETHs Perspektive jedoch nicht auf das geschriebene Wort. Er geht zwar ursprünglich von Textadventures aus, doch "the adventure game genre with its spatially oriented themes of travel and discovery, gradually migrated from text to pictures and, eventually to three-dimensional 'virtual reality' games like *Doom*" (ebd., S. 101 f.). Es handelt sich also nicht um einen Gegensatz zwischen Schriftspielen und jenen mit grafischer Darstellung, sondern um ein Kontinuum, innerhalb dessen eine graduelle (und computerspielhistorische) Entwicklung stattfand.[30]

Bilder, besonders bewegte Bilder, können laut AARSETH im Vergleich zu „reinen Texten" als überlegene Darstellungsmöglichkeit für räumliche Beziehungen gelten (ebd., S. 102). Deshalb scheint die Entwicklung hin zur Grafik naheliegend. Sie erfolgte jeweils, sobald die Rechenleistung der Computer stark genug war, den Schritt zu vollziehen.

Gleichzeitig kann dies als Beleg dafür interpretiert werden, dass bereits Textspiele eine andere Funktion hatten, als die augenscheinliche narrative. Sonst wäre der Wandel nicht so leicht zu vollziehen gewesen – oder es wäre zumindest eine neue Begrifflichkeit entstanden.[31] Mit dieser Betrachtungsweise wird natürlich auch der Leserbegriff in Frage gestellt:

"The cybertext reader [...], it can be argued, [...] is not a reader. [...] The cybertext reader *is* a player; the cybertext *is* a game-world or world-game; it *is* possible to explore, get lost, and discover secret paths in these texts, not metaphorically, but through the topological structures of the textual machinery." (AARSETH 1997: 4)

Diese „Textmaschine" stellt den zentralen Teil von AARSETHs Theorie zum Cybertext dar. Es handelt sich dabei um einen „information feedback loop"

---

30 Auch hier kann die Mehrdeutigkeit des Begriffs Text zu Missverständnissen führen, da sowohl Textadventures als auch bildbasierte Spiele unter den poststrukuralistischen, aber auch den philologischen (so wie AARSETH ihn versteht) Textbegriff fallen. BOLTER und GRUSIN merken dazu an: "Theorists in the second half of the twentieth century have consistently denied that an image is a more direct presentation than is written or spoken language. Their approach has generally been to textualize the image and therefore to take it into the discourse of poststructuralism [...]" (2001: 30).

31 Auch nach der Wandlung von Text zur grafischen Darstellung sprach man immer noch von Adventures – vgl. Kapitel 5.2.

(ebd., S. 19). Dieser kann durchaus über ein mechanisches Gerät erzeugt werden (vgl. ebd., S. 21). Maschine ist also nicht bloß metaphorisch gemeint. So wie ein Film einen Projektor braucht, benötigt auch ein Cybertext ein materielles Medium (und eine Ansammlung von Zeichen oder Worten, etwa eine Datenbank).

Neben den Zeichen und dem Medium ist aber, wie bereits erwähnt, auch eine dritte Komponente unabdingbar: der Benutzer. "[I]t is within this triad that the text takes place" (ebd.). Die Übergänge zwischen den Elementen sind fließend. Aus dem Wechselspiel ergeben sich die unterschiedlichen Möglichkeiten des Cybertexts.

Frühere Textmodelle – besonders aus dem Bereich der Literaturwissenschaft –, gegen die AARSETH sich abgrenzt, ließen vor allem den medialen Aspekt außer Acht – was nachvollziehbar ist, bedenkt man, dass in diesem Bereich lange Zeit Stabilität zu herrschen schien. Auch der performative Aspekt wurde oft ignoriert.

Cybertext verschiebt den Mittelpunkt weg von der traditionalistischen Dreifaltigkeit Autor/Sender, Text/Botschaft, Leser/Empfänger. Stattdessen liegt das Hauptaugenmerk auf den Teilen beziehungsweise den Teilhabern der Textmaschine.[32]

Der Unterschied zwischen Cybertext und Hypertext lässt sich daran erkennen, ob ein Rechenvorgang innerhalb der Textmaschine stattfindet. "*Hypertext* is a useful term when applied to the structures of links and nodes, but it is much less so if it includes all other digital text as well" (AARSETH 1997: 75).

Ergodik beschränkt sich der Defintion nach freilich nicht auf Videospiele – ja, nicht einmal auf elektronische Texte. AARSETH ordnet etwa auch das *I Ching*[33] – das „Buch der Wandlungen" – darin ein.

Dadurch verliert das Konzept von Ergodik eventuell an Reiz, wenn damit Videospiele ausschließend definiert werden sollen – oder aber Apologeten der „Neuen Medien" über das Konzept des Cybertexts einen radikalen Bruch mit allem vorher da Gewesenen proklamieren wollen (vgl. ebd., S. 18). Für ein simples Verständnis, was Videospiele beispielsweise von Narrativen unterscheidet, ist das ergodische Textkonzept äußerst hilfreich.

---

32 Durch diese interaktive Dynamik wird auch der Einsatz klassischer semiotischer Modelle und ihrer Terminologie unmöglich gemacht (vgl. AARSETH 1997: 26 ff.).

33 "A text such as the I Ching is not meant to be read from beginning to end but entails a very different and highly specialized ritual of perusal, [...]" (AARSETH 1997: 2).

7.1 Interaktivität und Ergodik

> "This is not a difference between games and literature but rather between games and narratives. To claim that there is no difference between games and narratives is to ignore essential qualities of both categories. And yet [...] the difference is not clear-cut, and there is significant overlap between the two." (AARSETH 1997: 4 f.)

Diese Aussage mag zwar beinahe wie eine Tautologie klingen, stellt man sie jedoch in den Kontext des gegenstandsbezogenen Diskurses um 1997, erhält sie deutlich mehr Sinn. Der selbstverständlich erscheinende Unterschied zwischen noetischer und extranoetischer Aktivität musste erst explizit aufgezeigt werden. Gleichzeitig wurden Narrative von AARSETH nicht polemisch attackiert – wozu sich manche seiner Mitstreiter hinreißen ließen.

Kritik von der anderen Seite her, wie sie etwa LEV MANOVICH (2001) äußert, tritt selten auf. MANOVICH sieht die Gefahr, dass – interpretiert man Interaktion als extranoetisch, als physische Interaktion zwischen User und Medienobjekt – die psychologische beziehungsweise noemische Interaktion Abstriche machen muss. Das Lückenfüllen, Hypothesenbilden, Erinnern und die Identifikation, die zum Verständnis von Text der Bild notwendig wären, würden mit den vorgefertigten interaktiven Strukturen verwechselt werden (vgl. MANOVICH 2001: 57).

> "Before, we would read a sentence of a story or a line of a poem and think of other lines, images, memories. Now interactive media asks us to click on a highlighted sentence to give us another sentence. In short, we are asked to follow pre-programmed, objectively existing associations." (MANOVICH 2001: 61)

Je interaktiver und dynamischer das Medium ist – je stärker es vom Hyper- zum Cybertext wird –, desto mehrschichtiger werden auch die vorgefertigten Interpretationsräume. In einem Hypertext mag es zwei oder zwanzig mögliche Abzweigungen geben, die Auswahl ist aber vorgegeben. Der dynamische Cybertext lässt im Gegensatz dazu die diskreten Schritte hinter sich.

Zudem ist es auch in traditionellen Medien Aufgabe des Lesers oder Betrachters sich Freiräume beziehungsweise „Freizeit" zu schaffen, um seine eigenen Interpretationen einzubringen. Das ist beispielsweise bei Filmen gar nicht so einfach und von der Erzeugung von Leerstellen, etwa bewusst langsamen Sequenzen, durch die Schaffer abhängig. Desweiteren müssen wir zwischen bewusster Assoziationsbildung und „automatisierter" mentaler Tätigkeit, etwa der Verknüpfung von Szenen zu einem Plot, unterscheiden. MANOVICH tut dies nicht (2001: 55).

Die narratologische Forschung hat sich mit dieser Thematik freilich schon seit ihrer Entstehung auseinandergesetzt und versucht, ihre Erkenntnisse auch auf Computerspiele anzuwenden.

7.2 Narrative und interpretatives Handeln

Narrative werden herangezogen, um beinahe jeden Aspekt der menschlichen Gesellschaft und von Zeichenproduktion zu beschreiben (vgl. FRASCA 2003: 222). Einige Autoren gehen sogar so weit, einen narrativen Mechanismus als kognitive Struktur in unserem Hirn verankert zu sehen (vgl. etwa TURNER, M. 1998). Durch die Ausweitung des Konzepts von Narrativität auf so viele Bereiche wurde dieses aber gleichzeitig verwässert (vgl. JUUL 2005: 156). Man könnte durchaus von einem „Narrativismus" sprechen – einer Wirklichkeitswahrnehmung, die alles als Geschichten betrachtet und diese als verbreitetste oder sogar einzige Form der Kognition auffasst. Von diesem Standpunkt aus würde ungefähr so argumentiert werden:

"Life is a story, this discussion is a story, and the building that I work in is also a story, or better, an architectural narrative." (AARSETH 2004b: 49)

Folglich lassen sich zwei grundsätzliche, unterschiedliche Beurteilungen darüber bilden, was Narrativ bedeutet (vgl. JUUL 2005: 156 f.):
1. Narrativ als Darstellung einer Folge oder Reihe von Ereignissen.
2. Narrativ als jede Form der Darstellung von fiktionaler Welt beziehungsweise als die Art und Weise, auf die dieser Welt (auch der realen) Sinn gegeben wird.

„Spiele als kulturelle Texte zu betrachten, die mit textwissenschaftlichen Methoden – im weitesten Sinne – untersucht werden können" (KÜCKLICH 2002: 57) ist – wie wir gesehen haben – eine Herangehensweise, der auch Ludologen gefolgt sind.[34] Der Unterschied zur narratologischen Theorie besteht darin, dass die Spieler nicht mit Lesern gleichgesetzt werden.

---

34 In den letzten Jahren löste sich AARSETH jedoch immer stärker vom Textbegriff, um 2004 zum Schluss zu kommen, dass bei Spielen, wie zum Beispiel Schach, kein Text existiere. Man könne im besten Fall die Regeln als Sub- oder Kontext heranziehen (2004b: 47).

7.2 Narrative und interpretatives Handeln

Ludologische Theorie gesteht Videospielen sowohl ergodische als auch nichtergodische Aspekte zu. Es wird interpretiert und gehandelt. Die narratologische Theorie nimmt den Leser generell in dem Sinn als nicht passiv an, in dem sie seine interpretative Tätigkeit betont (vgl. NEWMAN 2004: 95). Von dieser Warte aus betrachtet, ist narratologische Videospieltheorie MANOVICHs Interaktivitätskritik diametral entgegengesetzt. Sie hegt nie Zweifel daran, dass die interpretierende Aktivität des „Lesers" bei Hyper- oder Cybertexten noch vorhanden ist.

Narratologie[35] darf aber nicht einfach als Stellvertreterbegriff für die Gesamtheit von Literatur- oder Filmwissenschaft verstanden werden. Sie ist keineswegs ein Sammelbegriff für jede Form von Beschäftigung mit Erzählungen, sondern sie stellt „ein strukturalistisch orientiertes Teilgebiet literaturwissenschaftlicher Forschungen dar [...]" (NEITZEL 2000: 11). Sie entwickelte sich aus dem französischen Strukturalismus der Sechzigerjahre und wurde von Wissenschaftlern wie ROLAND BARTHES, GÉRARD GENETTE oder SEYMOUR CHATMAN entscheidend geprägt. Wie wir festgestellt haben, verortet sie ihren Gegenstand transmedial: Sie ist auf „der Suche nach den gemeinsamen universalen Strukturen hinter der unendlichen Vielzahl von Erzählungen unabhängig vom jeweiligen Medium" (HARTMANN 2004: 32). Sie beschäftigt sich einerseits mit Verbindungsmustern der in Geschichten dargestellten Ereignisse, andererseits analysiert sie mit erzähltechnischen Verfahren die Darstellung der Geschichte.

Dabei wird zwischen dem Inhalt der Erzählung – Handlung und erzählter Welt – und der Darstellung unterschieden.[36] Die Handlung entspricht den Ereignissen in chronologischer Ordnung und gleicht damit dem ersten Konzept von Narrativität, das wir nach JUUL (2005: 156 f.) erkannt haben. Die erzählte Welt – Charakter und Setting – entspricht in gewisser Weise dem zweiten Konzept: Die Beschreibungen von Aspekten der erzählten Welt

---

35 Narratologie wurde im Deutschen ursprünglich als Narrativik bezeichnet. Inzwischen hat sich aber ersterer Begriff, wie er in der englischsprachigen und französischen Literatur üblich ist, auch im Deutschen durchgesetzt.

36 Die hier verwendeten Bezeichnungen werden keineswegs einheitlich verwendet. „In der narratologischen Forschungsliteratur existiert eine verwirrende Begriffsvielfalt. Viele Narratologen scheinen es für angemessen zu halten, sich eine je eigene Terminologie zu schaffen [...]. Eine zusätzliche Problematik entsteht dadurch, dass die Mehrzahl der narratologischen Basistexte in Englisch oder Französisch geschrieben ist [...]." (HARTMANN 2004: 19)

sind im Gegensatz zur Handlung nicht zwingend an einen zeitlichen Ablauf gebunden. Somit arbeitet die Narratologie mit einem umfassenden Modell von Narrativität, wobei zur Analyse von Spielen jeweils einem der beiden der Vorzug gegeben wird (gegeben werden muss).[37] Die Darstellung umfasst im Gegensatz dazu „die Erzähltechniken und die sprachliche oder visuelle Umsetzung der Elemente der Geschichte" (HARTMANN 2004: 33).

Die Trennung der beiden Seiten wird als medienunabhängig angenommen. Die Transmedialität oder Medienunabhängigkeit von Narrativen äußert sich auf folgende Weise: Narrative existieren etwa in Form einer mündlichen Erzählung, als Roman oder als Film und können – hier zeigt sich der Einfluss des Strukturalismus – nur in ihren jeweiligen medialen Manifestationen analysiert werden. Auch wenn eine Geschichte zwischen verschiedenen medialen Ausprägungen übertragbar ist, eignen sich nicht alle ihre Elemente gleich gut für die unterschiedlichen Manifestationen. Während Filme etwa Bewegung besonders gut darstellen können, ist ein Roman (der die selbe Geschichte erzählt) bei weitem besser darin, innere Monologe wiederzugeben (vgl. JUUL 2005: 48).

Eine Besonderheit des Computerspiels aus narratologischer Perspektive ist es, mehr als eine Möglichkeit innerhalb einer „Geschichte" verwirklichen zu können. Ein Was-Wäre-Wenn-Spiel also, das bei verschiedenen Leseversuchen zu verschiedenen Ergebnissen führen kann. Dafür muss ein Text aber noch nicht zwingend ein Spiel – im ergodischen Sinn – sein, sondern könnte sich auch als Hypertext zu erkennen geben. Die geänderte Position des Lesers wurde mitunter mit dem „Tod des Autors" gleichgesetzt (vgl. LANDOW 1992, 1997). Das ist jedoch ein Trugschluss. Eine aktive Instanz ist der Leser ohnehin, bedeutet ja bereits die Verbindung einzelner Abschnitte beziehungsweise Szenen innerhalb einer Handlung „a significant amount of work" (NEWMAN 2004: 95). Die Zusammenhangskette herzustellen fordert (nonergodische) Aktivität. Fundamental für das Funktionieren eines Narrativs ist ebenso das Vorhandensein von Erwartung und Erinnerung beim Leser.

> "[S]ucessive actions are apprehended in relation to one another whether this takes the form of anticipated conclusions or backward glances to precipitant actions upon reaching the conclusion. [... It] is most importantly about 'expec-

---

37 Im Gegensatz zum klassischen Ansatz in der Narratologie scheinen Handlung und erzählte Welt im Videospiel weniger stark verknüpft.

7.2 Narrative und interpretatives Handeln 63

tations' and 'memory': reading the end in the beginning and the beginning in the end." (NEWMAN 2004: 97) Das ist aber gleichzeitig eine so allgemeingültige Feststellung, dass sie beinahe keine Aussagekraft besitzt. Man kann davon ausgehen, dass beinahe jedes menschliche Denken oder Handeln Erwartung und Erinnerung voraussetzt.

Die narrativistische Tradition der Game Studies sieht sich also einerseits mit dem Problem konfrontiert, dass sie sich auf Vorannahmen stützt, die in den Texten nicht interdisziplinär transportiert werden. Das kann beim nicht narratologisch vorgebildeten Leser die bereits erwähnten Definitionsmissverständnisse bedingen. Andererseits argumentiert sie zwar häufig – im Bezug auf ihren traditionellen Kontext – richtig, vernachlässigt dabei aber eben das Besondere an Spielen, weil sie mit ihren Werkzeugen hauptsächlich die zu interpretierenden Aspekte untersuchen kann.

Videospiele bieten ohne Zweifel jede Menge Material, das auf klassische Weise analysiert und interpretiert werden kann (vgl. etwa NEITZEL et al. 2005) – das den Spielen Eigene wird man so jedoch nicht herausstreichen können. Ein weiteres Problem bei dieser Form der Analyse besteht darin, dass sie in ihrer klassischen Form immer davon ausging, die Gesamtheit eines Werkes beziehungsweise Textes zu überblicken, um zu Schlüssen zu kommen. Bei Cybertexten ist das aber unmöglich (vgl. etwa MANOVICH 2001: 42). Das jeweilige Spielerlebnis ist untrennbar mit dem Spieler verknüpft. So wird man etwa im *sandbox*-Gangster-Spiel „Grand Theft Auto: San Andreas" (2004) nie dazu aufgefordert, Passanten zu ermorden. Das ist auch kein Teil der *ludus*-Regeln. Der Spieler kann jedoch im Rahmen von *paidia* diese Option wählen – beziehungsweise es zu seiner zeitweiligen, selbstgewählten und nicht dem Computer übermittelten Siegesbedingung machen. Das funktioniert, weil das Spiel eine Stadt simuliert und sie nicht nur im Rahmen eines Plots abgebildet beziehungsweise repräsentiert wird.

Will der Spieler Amoklaufen, kann er dies jederzeit tun. Die Feststellung „GTA: San Andreas" (2004) sei eine Simulation von Amokläufen, bleibt aber mehr als fragwürdig. Gleichzeitig unterschlägt die Analyse etwas, wenn sie diese Möglichkeit nicht aufzeigt. Dass man bei einem narratologischen Ansatz in den Game Studies Videospiele als lesbaren Text annimmt, ist nicht das Problem. Problematisch wird es erst, wenn man mit Text vor allem eine statische Einheit meint, der man Sinn entnehmen kann (vgl. NEWMAN 2004: 95). Ohne Spieleraktionen bleiben selbst die zu interpretierenden Anteile eines Videospiels unaufschlüsselbar. Man müsste auch den individuellen

Spieler analysieren, wollte man alle Potenziale der „Geschichte" aufdecken. Spätestens an dieser Stelle muss die narrative Literatur- beziehungsweise Filmwissenschaft das spielerische Potenzial des Spiels in den Hintergrund drängen, um weiterhin mit ihren Methoden argumentieren zu können.[38]

Folglich drängt sich die Frage auf, ob man Videospiele nicht als Medien betrachten sollte. Das auf MCLUHAN zurückgehende Credo, nicht den Inhalt, sondern eben die Medien selbst zu untersuchen, erscheint vor dieser Problematik in einem neuen Licht.

---

38 Zudem sei darauf hingewiesen, dass man durchaus die Meinung vertreten kann, Spiele seien gegenüber unterschiedlichen Interpretationen des Rezipienten weniger offen als andere mediale Phänomene, weil sie als formale Systeme benutzt werden müssen, um als Spiele zu funktionieren: "This does not mean that the role of the player is somehow dimished, but quite the contrary, as both interpreting rules and gameplay structures and playing within the constraints and possibilities they produce require active participation in the simulation" (JÄRVINEN 2003).

8 Spiele als Medien

Die Frage, ob Spiele Medien seien, beantwortet schon MARSHALL MCLUHAN mit „[y]es" (2006: 266). Ganz ohne Widerspruch ist diese Aussage aber nicht geblieben. Auch wenn wir uns nicht in einer Definitionsorgie des Begriffs „Medium" vertiefen wollen,[39] sollte man doch anmerken, dass auch in diesem Fall eine gewisse Konturlosigkeit des Wortes bei manchen Autoren als Kongruenz erzeugende Leerstelle dienen muss. Darüber, dass ein Spiel ein Medium ist, herrscht – wie schon erwähnt – zumindest eine gewisse Einigkeit.[40] In diesem Kontext muss man jedoch Spiel und Videospiel voneinander trennen.

Unterscheidet man nicht grundsätzlich zwischen Spiel und Videospiel, bildet Transmedialität ein Gegenkonzept zur Vorstellung von Spielen als Medien. Die konkrete mediale Ausprägung wird dabei von einem dahinterliegenden Konzept des Spiels gespeist, das zwar unabhängig existiert, aber sich nicht unabhängig medial manifestieren kann. Dies weist große Parallelen zum narratologischen Verständnis von Narrativen auf. Die Anhänger eines transmedialen Spielekonzepts sehen dieses folglich als Alternative zum Narrativ.

Unterscheidet man dagegen klassische Spiele und Videospiel, fällt es leicht, letztere den sogenannten „Neuen Medien" zuzuordnen. Diese Kategorie ist allerdings wiederum so groß und schwammig, dass sie kaum mehr Aussagekraft besitzt (vgl. MANOVICH 2001: 49). NOAH WARDRIP-FRUIN und NICK MONTFORT bringen etwa in ihrem *New Media Reader* (2003) nicht nur unzählige computerbezogene Ansätze unter, sondern auch partizipative Theaterformen oder Happenings.

Wir können uns im computerlosen Spiel aber – wie bereits erwähnt – auch auf MARSHALL MCLUHAN stützen. MCLUHAN bezeichnet Spiele als "faithful models of a culture. They incorporate both the action and the reaction of whole populations in a single dynamic image" (MCLUHAN 2006: 255). Setzen wir diese Aussage in den Kontext (und den Sprachgebrauch) der

---

39 Als Vorbild dazu sollen uns unter anderem BOLTER und GRUSIN dienen: "We offer this simple definition: a medium is that which remediates" (2001: 65).

40 Vgl. etwa (AARSETH 1997: 5; HARTMANN 2004: 45; KÜCKLICH 2002: 19; MANOVICH 2001; MCLUHAN 2006: 266; NEITZEL 2006: 10 u. 244; WENZ 2001: 270).

ergodischen Theorie, lässt sich hier überraschend große Übereinstimmung finden. Sowohl „action" als auch „reaction" werden dargestellt und dynamisch ist das Ergebnis obendrein. Tatsächlich kann nach MCLUHAN das Spiel als Modell des Universums dienen (2006: 257). Modelle wollen wir (nach MANOVICH 2001: 113) eher dem simulativen als dem repräsentativen Paradigma zuordnen. MCLUHAN spricht die Simulation sogar indirekt an, wenn er vom Spielelement wissenschaftlicher Experimente spricht (2006: 264).

MCLUHAN verweist aber auch auf eine kathartische Wirkung von Spielen und konzentriert sich hauptsächlich auf ihren Massen-Appeal im Sport. Er unterscheidet dabei nicht explizit zwischen Zusehern und aktiven Sportlern. Auch eine Differenzierung des Spiels gegenüber der Kunst findet kaum statt (ebd., S. 261).

Einigt man sich darauf, Spiele als Medien zu betrachten (und sieht sie folglich nicht als transmedial an), bleibt eine genauere Differenzierung beziehungsweise Einordnung umstritten. Deshalb kann das *gut feeling* – die Entscheidung aus dem Bauch heraus – des Diskurses um die „Neuen Medien" darüber, wo man Videospiele verorten könnte, durchaus hilfreich sein.

8.1 Neue Medien und Remedialisierung

Die ludologische Theorie steht (auch) den New Media Studies sehr kritisch gegenüber:

> "To make things more confusing, the current pseudo-field of 'new media' (primarily a strategy to claim computer-based communication for visual media studies), wants to subsume computer games as one of its objects. There are many problems with this strategy, as there is with the whole concept of 'new media' and most dramatically the fact that computer games are not one medium, but many different media." (AARSETH 2001b)

Es scheint AARSETH unter anderem darum zu gehen, dass die Perspektive der New Media Studies einer strukturalistischen Grundannahme widerspricht: man könne das Bild nicht als Bild verstehen – sondern nur, wenn man die „Tiefenstrukturen" dahinter analysiere. Diese wären in diesem Kontext wohl mit der Textmaschine ergodischer Prägung beziehungsweise dem Programmcode gleichzusetzen. Damit folgt er jedoch einem weit verbreiteten Trend:

8.1 Neue Medien und Remedialisierung

"Theorists in the second half of the twentieth century have consistently denied that an image is a more direct presentation than is written or spoken language. Their approach has generally been to textualize the image and therefore to take it into the discourse of poststructuralism [...]." (BOLTER/GRUSIN 2001: 30)

Schon über die Frage ob das Spiel als Form ein Medium ist – oder jedes Spiel für sich ein Medium darstellt –, herrscht in den New Media Studies wenig Einigkeit. JANET MURRAY etwa kritisiert den Begriff „new media" unter anderem dafür, dass er im Plural gesetzt ist, obwohl der Computer doch das einzige neue Medium sei (vgl. MURRAY 2004: 7). Den Computer als *ein* Medium zu sehen ist zwar verlockend, aber problematisch. Computer können unterschiedlichste mediale Formen darstellen beziehungsweise simulieren. Deshalb erscheint die Bezeichnung des Computers als Metamedium (vgl. KAY/GOLDBERG 1977: 394) sinnvoller.

Betrachtet man den Computer als *ein* Medium, besteht die Gefahr, dass verschiedenste remedialisierte Inhalte als formgleich oder zumindest formähnlich angenommen werden (vgl. AARSETH 1997: 19). Auch wenn Inhalte nicht mediengebunden sind, werden am Computer nicht die Inhalte gleich, sondern die Grundlage der Wiedergabe. Hier zeigt sich die Diskrepanz zwischen Inhalt und Medium.

Der Computer als Metamedium – im zumindest teilweisen Gegensatz zum Computer als Rechner – simuliert nicht mediale Inhalte, sondern deren Wiedergabegeräte. Die repräsentierten Inhalte erhalten bei dieser Form der Wiedergabe vom Computer keinen „digitalen Mehrwert", selbst wenn der Computer unzählige verschiedene Wiedergabegeräte für ein und dasselbe File bilden kann. Ein Film, der etwa im *Windows Media Player* abgespielt wird, bleibt ein Film – selbst wenn die Möglichkeit besteht, mit einem anderen Programm den Binärcode „dahinter" anzusehen. Ein mp3-File repräsentiert in *WinAmp* eine Audioaufzeichnung – selbst wenn die Möglichkeit besteht, Audioeigenschaften grafisch darzustellen. Die Elemente werden nicht zu originären Computer-Filmen oder Computer-Liedern mit einem entsprechenden Mehrwert, nur weil sie in digitaler Form vorliegen. Dieser Mythos des Digitalen (vgl. MANOVICH 2001: 52) ändert nichts auf der Rezipientenseite, auch wenn es sich nun um diskrete Repräsentation handelt. MANOVICH ist sich dessen sehr wohl bewusst, wenn er schreibt, der Computer sei "[n]o longer just a calculator, control mechanism, or comunication device, the computer becomes a media processor" (ebd., S. 25 f.).

Computerspiele sind als dynamische Systeme jedoch mehr als nur *media streams*. Selbst wenn man sie als Medien bezeichnet, kann man die Ansicht vertreten, "that computer games are not one medium, but many different media" (AARSETH 2001b).

Wie wir gesehen haben, besitzt ein ergodisches System die Möglichkeit, sich bei jeder einzelnen Benutzung anders zu erneuern. Der Benutzer muss nicht nur interpretativ Bedeutung erzeugen, er muss auch zur nontrivialen Aktivität bereit sein, eigenständig Zeichenfolgen zu erzeugen. Eine stabile und zeitlose Identität der materiellen Grundlagen des Systems, ein Ansatzpunkt für die Analyse des Inhalts unter Ignorierung des Mediums, wird dabei in Frage gestellt. Man kann das durchaus in die Richtung interpretieren, dass jedes einzelne ergodische System in gewisser Weise als ein eigenständiges Medium existiert (vgl. AARSETH 1999: 32 f.).

Deshalb kann man in jedem neu oder anders strukturierten Videospiel ein neues Medium sehen:

> "Each new game must rethink how it should engage the player, and the best games succeed by discovering new structures of interaction, inventing new genres. What would be avant-garde in film or literature – breaking with familiar forms of representation, developing new modes of address – is standard operating procedure in the world of computer games." (FRIEDMAN 1999a)

Das könnte daran liegen, dass Computerspiele noch relativ jung sind. Gleichzeitig entwickeln sich die technischen Rahmenbedingungen kontinuierlich weiter und das viel stärker und vor allem für längere Zeit, als es bei anderen Medien der Fall war. Dafür kann man eindeutig das kontinuierliche Fortschreiten der Computertechnologie verantwortlich machen, die nach dem MOOREschen Gesetz wohl noch weiter andauern wird.

Die New Media Studies hatten dennoch kein Problem, Computerspielen einen Platz zuzuweisen. Wie wir angemerkt haben, besteht dabei eine Tendenz, die jener der Narrativisten nicht unähnlich ist – nämlich jene Computerspiele zwar nicht als Narrative, aber als remedialisierten Film darzustellen. Dieses Vorwurfs machen sich besonders JAY BOLTER und RICHARD GRUSIN in ihrem Buch *Remediation* (2001) schuldig, wenn sie etwa anmerken: "In addition to remediating the computer itself, these games also remediate television and film" (ebd., S. 91). Das mag zwar auf gewisse Elemente von Videospiel (eben die visuellen) zutreffen und Computerspielen näher kommen, als es die Erzähltheorie jemals tut, zum tieferen Verständnis trägt ein solcher „*visualism*" (AARSETH 2004: 52) aber nicht bei.[41]

---

41 Abgesehen davon merken BOLTER/GRUSIN auch an: "Designer could then make games remediate [...] also the narrative functions of television and film" (2001: 94).

8.1 Neue Medien und Remedialisierung

Man muss jedoch anmerken, dass trotz dieses Lippenbekenntnisses zum Kino beziehungsweise Film in den New Media Studies sehr wohl die Interfaces analysiert werden. Zudem wäre es möglich, mit BOLTERs und GRUSINs Grundkonzept Computerspiele als remedialisierte Spiele zu betrachten – auch, wenn es die beiden selbst nicht tun. Eine starke Tendenz zur Remedialisierung nichtdynamischer Inhalte in Videospielen existierte in den 1990er Jahren ja tatsächlich, nur konnte sich diese nicht durchsetzen, weil sowohl Designer als auch Konsumenten bemerkten, dass (interaktive) Filme schlechte Spiele waren. *Immediacy*, das immersive Element, wurde im Computerspiel – im Gegensatz zu repräsentativen Formen – durch *hypermediacy* zerstört. Die Kopplung von Spielen und anderen Medienformen schien daran zu scheitern, dass die Spieler mit anderen Erwartungshaltungen an Spiele herantraten als an interpretative Medien. Dieses Element von „gescheiterten" Medienformen wird in REMEDIATION vollkommen ignoriert und zugleich wird eine sehr lineare Mediengeschichte aufgebaut.

BOLTER und GRUSIN gehen von einer Dialektik zwischen „*immediacy*" und „*hypermediacy*" aus. Während ersteres als das Bestreben nach immer authentischeren (in dieser Hinsicht transparenteren) Medienerfahrungen beschrieben werden kann, lässt uns zweiteres die Veränderungen wahrnehmen und rückt das unsichtbar werden wollende Medium dadurch erst wieder in unser bewusstes Aufmerksamkeitsfeld. Hypermedialität hängt nach dieser Theorie damit zusammen, dass jedes Medium auf bestehenden aufbaut und sich Elementen der Vorgänger bedient. Dieses (illusionszerstörende) Bewusstsein soll dem Benutzer durch die Entwicklung noch unmittelbarerer Medien genommen werden und der Kreislauf beginnt von vorne.

Ob Spiele versuchen, bessere Filme zu sein (vgl. BOLTER/GRUSIN 2001: 97), bleibt fraglich. Besonders eine Ableitung der verbreiteten Ego-Perspektive in Videospielen aus der Filmgeschichte[42] scheint dubios, hat sich diese im Film doch nie etablieren können.[43]

---

42 "[T]he game is undeniably an exercise in cinematic point of view, [...]" (BOLTER/GRUSIN 2001: 97). Die Autoren gehen sogar darauf ein: "The feeling of immediacy in *Myst* [...] is generated in large part by the player's expectation derived from medium of the film" (ebd., S. 97 f.). Damit wird einerseits ein sehr subjektiver Grund für die filmischen Remediation dargeboten, den bei weitem nicht alle Spieler so empfinden müssen, andererseits zeigt es, wie fruchtbar das Computerspiel für interpretative Aktivität – in diesem Falle BOLTERs und GRUSINs – ist.

43 Eine große filmhistorische Ausnahme stellt „Lady in the Lake" (1947) dar.

8.2 Transmedialität

Den ursprünglichen narratologischen Modellen lagen literarische Erzählungen zu Grunde. „[Sie] werden jedoch nicht nur der Zeit und Kultur enthoben, sondern auch jeglicher medialer Gebundenheit. Es handelt sich unter dieser Perspektive bei den Erzählungen um ein Abstraktum, das sich in verschiedenen Medientexten manifestieren kann" (NEITZEL 2000: 12). Bestes Beispiel für diese Ansicht bilden diverse narratologische Filmanalysen (vgl. etwa BORDWELL 1985).

Von diesem Standpunkt aus ist verständlich, dass auch Videospiele nach Geschichten durchsucht wurden. Spiele trugen schon immer ein Potenzial für Narrative in sich.[44] Sobald der Computer ein gewisses technisches Niveau als Metamedium erreicht hatte, wurden narrativähnliche Sequenzen gesamplet und in Spiele eingebaut.

Narration ist im Videospiel an die Navigation innerhalb des vom Spiel entworfenen Raums geknüpft. "The story is tied to the navigation of space" (MURRAY 1997: 132). „Die Eigenschaft der Räumlichkeit entsteht […] dadurch, dass Hypertext Bewegungen in verschiedene ‚Richtungen' zulässt, die Module können variabel zusammengefügt werden" (HARTMANN 2004: 52).[45] Auch das Medium Internet wurde von Anfang an als räumlich und synchron wahrgenommen, „während traditionelle Medien wie Literatur, Musik und Film als sequenzielle, diachrone Medien begriffen werden" (KÜCKLICH 2002: 21).

Hier fügt sich auch das Schlagwort vom *spatial turn* ein – und damit stellt sich die Frage, ob „räumliche Narration" noch Narration genannt werden sollte. Vom Standpunkt der Narratologen ist es sicherlich zielführend, von „räumlichen Narrativen" zu sprechen – wollen sie sich doch mit elektronischen Texten auseinandersetzen beziehungsweise ihre Arbeit in diesem Kontext rechtfertigen. Für alle anderen scheint diese Begriffswahl jedoch befremdlich.

---

44 Man denke an Fantasy-Rollenspiele wie „Dungeons & Dragons" (1974), aber auch an die davon inspirierten „Spielbücher" wie „Warlock of Firetop Mountain" (1982), der erste Titel aus der Fighting-Fantasy-Reihe und seine unzähligen Nachahmer beziehungsweise Nachfolger.

45 Man beachte, dass ein Hypertext noch kein Cybertext ist.

8.2 Transmedialität

So, wie das Konzept von Transmedialität in Narrativen erkannt werden kann, eignet es sich aus ludologischer Perspektive auch dafür, Spiele zu kategorisieren, ohne die Narrative selbst zu übernehmen (vgl. JUUL 2005: 48). Als Beispiel dafür, was mit dieser Medienunabhängigkeit gemeint ist, haben wir bereits Schach genannt: man kann es gegen einen Computer spielen, gegen einen anderen Menschen, oder auch gegen viele gleichzeitig, als Postspiel oder übers Internet, mit oder ohne Brett beziehungsweise Figuren. All das hat kaum eine Bedeutung für das Spiel selbst. Auch die Form von Brett und Figuren hat auf den Spielverlauf keinen Einfluss. Ein auf das Spiel angewandtes Konzept von Transmedialität relativiert die Position und Exklusivität des narratologischen Konzeptes.

Tatsächlich stammt die Inspiration für viele Computerspiele von Spielplatz, Spielfeld oder Spielbrett. Sie sind nicht remedialisierte Geschichten oder Filme, sondern remedialisierte Spiele. Besonders Actionspielen, aber auch Strategiespielen, sieht man das an.[46]

Die Verbindung zwischen Kinderspielen wie „Verstecken" und etwa *stealth*-Elementen in Computerspielen ist deutlich sichtbar. Vor allem japanische Designer gehen immer wieder auf derartige Inspirationsquellen zu ihren Spielen ein.[47]

Die Adaption des Konzepts Transmedialität geht oft mit einer Feindlichkeit gegenüber jedwedem Medienbegriff einher. So meinen ESKELINEN und TRONSTAD zu erkennen, dass erst mit dem Diskurs um die „Neuen Medien" die Tendenz aufkam, Computerspiele nicht als Spiele, sondern als etwas völlig anderes zu betrachten:

---

46 Hier muss aber natürlich der Einwand gebracht werden, dass viele Computerspiele doch auch eindeutig von anderen Medien inspiriert sind. Ein Sportspiel gibt nicht so sehr die Erfahrung wieder, die man am Spielfeld hat, sondern jene, die man hat, wenn man ein Spiel im Fernseher betrachtet (vgl. POOLE 2000: 52). – Zur Herleitung und (Präcomputer-) Geschichte unterschiedlicher Genres empfiehlt sich PIAS (2002).

47 Vgl. dazu etwa SHIGERU MIYAMOTOS Kommentare zu „Super Mario Bros." (POOLE 2000: 176) und „Zelda", KEITA TAKAHASHI zu „Katamari Damacy" (GROHÉ 2006: 55 f.) und HIDEO KOJIMA zu „Metal Gear Solid". Besonders MIYAMOTO spricht eher von Entdeckungsreisen, die er darstellen will, denn von Spielen mit Regeln. Ob das CAILLOIS' *ilinx* ist, oder die Freude beim Auspacken eines Geschenks oder beim Erkunden eines unbekannten Geländes in eine vollkommen andere Kategorie fällt, bleibt zunächst unbeantwortet. Zumindest beschäftigt sich jedoch Kapitel 9.2.5 mit *flow*-Erfahrungen und Kapitel 10 mit Entdeckungen (im räumlichen Sinn).

"preferably narratives or drama or anything else that has a considerably higher cultural status than games. This unproductive conceptualization may well have its roots in popular parlance referring to computer games as a medium or media" (ESKELINEN/TRONSTAD 2003: 196)[48]

Diese kritische (und polemische) Feststellung impliziert, dass Spiele nicht als Medien betrachtet werden sollten. Auch eine solche Auffassung hantiert jedoch sehr wohl mit einem Medienbegriff, auch wenn er implizit bleibt. Doch selbst wenn der Begriff explizit wird, basiert er doch auf Grundannahmen, die oft nicht weiter erläutert werden.

Das kann dazu führen, dass man die zweifelsohne vorhandenen Geschichten in Videospielen als "just uninteresting ornaments or gift-wrappings to games" (ESKELINEN 2001) darstellt, als reines Beiwerk und als reine „marketing tools" (ebd.). Solange sich aber stark linear narrativ aufgebaute Spiele wie „Final Fantasy X" (2001) oder „Metal Gear Solid 2" (2001) millionenfach verkaufen und gerade für ihre Geschichten von Fans und Spielemagazinschreibern gelobt werden, macht es wenig Sinn, dagegen zu polemisieren – will man sich als Forscher nicht in einen Elfenbeinturm zurückziehen und sich darauf beschränken, von dort aus normative, rhetorische Attacken zu starten.[49]

Man muss der Ablehnung der naheliegenden medialen Vergleiche aber zu Gute halten, dass sie die Möglichkeit eröffnen sich in anderen Kontexten nach Vergleichsmöglichkeiten umzusehen. Denn, warum zumeist gerade Romane und (Hollywood-) Filme als Blaupause für Spielstrukturen herangezogen werden, bleibt fragwürdig.[50] Höchstwahrscheinlich liegt dies an der

---

48 Vergleiche dazu auch das Einleitungskapitel von WOLF (2002).

49 Was ESKELINEN (2001) durchaus macht, wenn er schreibt: "It's no wonder gaming mechanisms are suffering from slow or even lethargic states of development, as they are constantly and intentionally confused with narrative or dramatic or cinematic mechanisms." Man könnte ESKELINEN in die Richtung interpretieren, dass „gute Spiele" keine Geschichten haben, und Spiele, die sich zu sehr auf dieses reine *window dressing* konzentrieren, automatisch „schlechte Spiele" sind.

50 Zumindest besteht bei Hollywood-Filmen eine geringere Fallhöhe, weil diese in der Regel ebenfalls nicht als hohe Kunst bewertet werden. Man sollte anmerken, dass in den frühen Neunzigern, vor Eintreten des New-Media-Hypes, als Designer und Marketing nach Kino schrieen, Spiele als weit weniger anspruchs- und „bedeutungsvoll" als Filme galten und auch eine (noch) weitaus jüngere Zielgruppe hatten. Man versuchte quasi das untere Ende der Messlatte zu erreichen – was in gewisser Weise

8.2 Transmedialität 73

gemeinsamen popkulturellen Verortung mit Videospielen – beziehungsweise einfach am Feld, aus dem die Forscher ursprünglich kommen.

Diese Tatsache lädt dazu ein, einen Blick über den repräsentationalen Tellerrand zu werfen.

---

auch gelang, betrachtet man den visuellen Einfluss von Videospielen auf den Actionfilm der Gegenwart.

9 Alternativen zur Repräsentation

In unserer Zivilisation ist Repräsentation ein so mächtiger und allgegenwärtiger formaler Modus, dass er als beinahe unsichtbar gelten kann. Seit Jahrtausenden verlassen wir uns auf ihn, um unsere Realitäten zu erklären. Eine Form, die benutzt wird, um Repräsentation zu strukturieren, ist das Narrativ.[51] Weil diese Form so weit verbreitet ist, fällt es schwer, die von ihr begünstigten kognitiven Strukturen zu ignorieren.

Eine Kritik am Narrativ erfolgt aber nicht nur im Rahmen der theoretischen Auseinandersetzung mit dem Computer. Eine ähnliche Bewegung – wenn auch bewusster vollzogen – gab es schon früher im Kunstkontext. Tatsächlich lassen sich viele Parallelen finden und eine Gegenüberstellung ist mindestens genauso legitim wie die inflationär auftretende zu Literatur und Film.

ROLAND BARTHES hatte bereits in den frühen Sechzigern vorgeschlagen, Theater als eine kybernetische Kunstform zu sehen (vgl. BARTHES 1972: 261), da es einen Echtzeitfeedbackkreis zwischen den Darstellern und dem Publikum gibt. Das kann in gewisser Weise von allen Arten von Liveaufführungen behauptet werden und man könnte grundsätzlich zwischen zwei Arten von Feedbacks unterscheiden: einem transaktionalen zwischen Zuschauern und Darstellern und einen interaktiven zwischen den Darstellern untereinander.

Richtet man also das Hauptaugenmerk nicht mehr auf die Vergleichsmöglichkeiten zu Literatur und Film, die uns jeden Tag umgeben (und wohl auch einen etablierten Platz in den Cultural Studies haben), lässt sich eine Verbindung zu Computerspielen eher in "performances, installations, kinetic and robotic art, to name only a few" (ESKELINEN/ TRONSTAD 2003: 197) finden. Auch hier wird nontriviale beziehungsweise extranoemische Bemühung gefordert und es geht um mehr als nur interpretative Tätigkeit des Publikums, das dadurch eben diese Rolle verlässt und in eine aktivere schlüpft. Benutzt man die Terminologie AARSETHs, könnte man aus diesem Grund die genannten Formen unter dem Begriff „ergodischer Kunst" zusammenfassen.

---

51 Andere Formen der Repräsentation sind etwa Bilder beziehungsweise Gemälde oder Lieder (vgl. BOLTER/GRUSIN 2001: 65).

9.1 Videospiele und Performance Art

"Finally, in the 1960s, continuing where Futurism and Dada left off, new forms of art such as happenings, performance, and installation turned art explicitly participational [...]." (MANOVICH 2001: 56)

Partizipative Kunstformen stellen eine Alternative zu narrativen Formen dar – und bieten sich damit zum Vergleich mit Spielen an. Gerade in diesem Kontext entsteht natürlich leicht der Eindruck, Videospiele sollten durchs Aufzeigen „nobler Verwandter" „geadelt" beziehungsweise gleich zu Kunst erhoben werden. Dies ist explizit nicht das Ziel des Kapitels. Vielmehr soll nach Möglichkeiten der Remedialisierung außerhalb des repräsentationalen Modus gesucht werden. Tatsächlich haben Kunstrichtungen wie AUGUSTO BOALS „Theatre of the Oppressed" oder Happenings den Sprung in den Kanon der New Media Studies geschafft. Sie sind etwa im *New Media Reader* (WARDRIP-FRUIN/MONTFORT 2003) vertreten und werden auch in Texten zu den Game Studies behandelt. Warum das so ist, wollen wir in diesem Kapitel untersuchen.

Was heute als *Performance* bezeichnet wird, stammt aus der experimentellen Kunst der 1960er und 1970er und sollte die traditionellen ästhetischen Begriffe von Mimesis und Repräsentation in Frage stellen. Diese Tradition der *Performance Art* wollte nichtrepräsentational sein. *Nonmatrixed acts*[52] wurden in „Echtzeit" aufgeführt, um der Repräsentationalität

---

52 In *matrixed performance* unterscheidet sich die Zeit und der Ort auf der Bühne von jenem des Zusehers – zum Beispiel, wenn fiktionale Charaktere im traditionellen Theater gespielt werden. Die *nonmatrixed performance* findet im Gegensatz dazu „mit" den Zusehern statt und ohne „Schauspielern". Als Beispiel möge ein Live-Musiker dienen (vgl. KIRBY 1987: 32 ff.). Selbst in *nonmatrixed performance* besteht aber ein starker Wille der „Zuseher" dazu, die Darstellung zu fiktionalisieren beziehungsweise nach einer Bedeutung dahinter zu suchen. Deshalb ist Performance Art als nichtrepräsentationale Kunstform beinahe ausgestorben. Heutige Performances stehen wieder näher am Theater, weil sie ein Verhindern der Repräsentationalität nicht so sehr in den Mittelpunkt rücken (vgl. ESKELINEN/TRONSTAD 2003: 200).

der westlichen Theatertradition zu entgehen und eine unvermittelte („unmediated") Präsenz zu erzeugen.

Sucht man nach Theorien zur publikumsfreien Performance, wird man etwa bei ALLAN KAPROW fündig, und zwar zum Happening: "it follows that there should not be (and usually cannot be) an audience or audiences to watch a Happening" (KAPROW 1966: 64; zitiert nach ESKELINEN/TRONSTAD 2003: 197). Obwohl das Happening in einem ähnlichen Klima wie die Performance Art entstanden war, handelte es sich dabei doch um etwas anderes. Happenings sollten den Begriff Kunst überhaupt transformieren und die Barriere zwischen Leben und Kunst einreißen. Happenings wollten nicht Kunst im traditionellen Sinne sein:

"The Happening is conceived as an art, certainly, but this is for a lack of a better word, or one that would not cause endless discussion. I, personally, would not care if it were called a sport." (KAPROW 1995: 236; zitiert nach ESKELINEN/TRONSTAD 2003: 200)

Happenings hatten nur Teilnehmer, keine Zuschauer. Im öffentlichen Raum gab es zwar unbedarfte Zeugen, die wurden jedoch nicht adressiert.

Ein weiteres Konzept KAPROWs, das in diesem Kontext relevant erscheint, ist jenes des *un-artist* (vgl. KAPROW 1972). In Bezug auf diesen geht KAPROW auch auf das Spielen (sowohl *gaming* als auch *playing*, aber bevorzugterweise auf letzteres) ein: "[T]he un-artist leaving the art frame behind turns herself into a player-educator opposing both competitive games and exhausted work ethics" (ESKELINEN/TRONSTADT 2003: 198).

Diese Konstellation bietet bereits ein erstes – wenn auch vorläufiges – Kontinuum, von Performance zu Happenings über *playing* zu *gaming*.

Da ein Happening kein Publikum benötigt oder besitzt, ist es näher am Zustand der *un-art* als die Performance Art. Wenn ein Happening in vollkommener Ungestörtheit stattfindet, der Kunstkontext also nicht mehr gegeben ist, wie es etwa in den späteren Happenings KAPROWs der Fall war, kommt diese Form der *un-art* bereits dem Spiel sehr nahe (vgl. KAPROW 1996).

Weder Happenings noch Spiele (in beiden Ausprägungen *play* und *game*) benötigen in diesem Sinne ein Publikum. Obwohl manche Spiele (z. B. Fußball) oft ein Publikum haben, ist dieses keine Voraussetzung. Das unterscheidet diese Formen deutlich von Performing Art und Theater.[53]

---

53 CAILLOIS betont interessanterweise die Rolle des Beobachters im Simulationsspiel (*mimicry*): „Das Spiel kennt nur eine Regel: Der Darsteller ist verpflichtet, den

Rufen wir uns in Erinnerung zurück, dass nach FRASCA *ludus* ein Spiel mit festgelegten Siegesbedingungen ist, während *paidia* solche nicht vorgibt und daher am ehesten als *play* verstanden werden kann (vgl. FRASCA 2001: 7–11).

In Happenings ist das Ziel der aufgeführten Aktionen einfach ihre Vollendung und nicht – wie in *ludus* –, eine Siegessituation zu erreichen. Die Anstrengung ist dabei eher eine triviale. Es gibt weder Hindernisse noch Gegner. Statt Regeln gibt es Anweisungen oder „Szenarios" (vgl. SANDFORD 1995: 222).[54] Sie werden jedoch nicht von den Teilnehmern beschlossen, sondern sind im Vorhinein festgelegt.[55]

Im *play* ist die Ausführung einer Aufgabe nicht zwingend notwendig. Die Bemühungen können trivial oder nontrivial sein – abhängig davon, ob Hindernisse existieren. Die Ziele sind jedoch keine Siegeskonditionen, da durch solche *paidia* in *ludus* umgewandelt werden würde.

Zur Verdeutlichung bemühen wir noch einmal Simulations(computer)spiele wie „SimCity" (1989). Diese können zwar Ziele enthalten, es gibt aber keine Siegesbedingungen. Sie erfordern jedoch – wie alle Videospiele – nontriviale Bemühungen. Deshalb sind sie auch ergodisch.

Bei HUIZINGA und CAILLOIS ist die Unterscheidung zwischen Spiel und „alltäglichem Leben" zentral. Für die unterschiedlichen Arten von Spiel kann dies unterschiedlich interpretiert werden: man kann es dahingehend interpretieren, dass die Regeln und Spielziele im „normalen Leben" nicht gelten und auf dieses daher keinen Einfluss haben. Eine andere Möglichkeit ist es, den „Zauberkreis" (HUIZINGA 2004: 18), die „bestimmte[n] Grenzen von Zeit und Raum" (ebd.) in den Mittelpunkt zu stellen. Eine dritte Variante ist mit den *matrixed performances* vergleichbar: „tatsächlicher" Ort und Zeit des Spiels werden in imaginierten Ort und Zeit umgewandelt.

Zuschauer zu faszinieren, und er muss dabei jeden Fehler vermeiden, der letzterem die Illusion rauben könnte; der Zuschauer wiederum muß bereit sein, sich der Illusion hinzugeben" (CAILLOIS 1982: 31 f.) Das kann allerdings nur gelten, wenn *mimicry* „ludisch" ist. Nach CAILLOIS' Definition ist *mimicry* am Theater und im Schauspiel am „ludischten", während *paidia*-lastigere Formen von *mimicry* nicht unbedingt Zuseher benötigen.

54 Diese Diktion bevorzugt zumindest KAPROW.

55 Als Beispiel mag hier nur angeführt werden: "People stand on bridges, on street corners, watch cars pass. After 200 red ones, they leave" (SANDFORD 1995: 230).

9.1 Videospiele und Performance Art

Die Grenze zwischen Spiel und Wirklichkeit ist jedoch nicht absolut. Immer wieder gibt es Auswirkungen auf das „alltägliche Leben". Auch das Spiel mit dieser Grenze könnte als weiteres Charakteristikum von *play*, *game* und *performance art* betrachtet werden. Zumindest erkennen ESKELINEN und TRONSTAD keine für Videospiele nötigen Investitionen, die Risiken für das „alltägliche" Leben des Spielers darstellen (vgl. 2003: 205).[56]

Es wäre also möglich, ein Kontinuum zu errichten: vom statischen (und für die Ewigkeit gedachten) zum veränderbaren Kunstwerk und schließlich zu Spielrequisiten und Spielzeug.

Geht man von ergodischen Systemen aus, kann man drei Kategorien von Systemen unterscheiden:

1. Systeme, die sich jedes Mal in der gleichen Zeichenfolge konkretisieren und verwirklichen. Damit sind traditionelle Medien gemeint, Filme, Romane oder Bilder. Die Aufgabe des Betrachters ist es, zu interpretieren und eine Bedeutung zu geben.
2. Systeme, die nichttriviales Bemühen vom Benutzer, Leser oder Betrachter verlangen, und die deshalb das Potenzial haben, sich jedes Mal neu zu manifestieren. Dabei handelt es sich in erster Linie um ergodische Kunst. Egal, welche Art von Zeichen produziert wurde, egal, welche Grundlage, welches Medium, welche räumlichen und zeitlichen Beschränkungen und welches Aussehen existiert – auch ergodische Kunst kann als interpretierend verstanden werden. Der Benutzer „arbeitet" extranoetisch, um zu einem Resultat zu kommen, das er interpretieren kann. Auch wenn er das System bearbeitet, geht es dennoch am Ende ums Interpretieren. Das nontriviale Bemühen ist eher Mittel zum Zweck oder macht zumindest nicht den Hauptreiz aus.
3. unterhaltsame beziehungsweise unterhaltende Systeme, die nicht vom interpretatorischen Interesse abhängig sind. Darunter versteht man vor allem Spiele und Computerspiele. Auch in Spielen besteht für Benutzer die Notwendigkeit zu interpretieren – aber man macht das, um auf sie einwirken zu können, um von einem Anfangszustand zum Sieg zu kommen, nicht zum Selbstzweck der Interpretation. Spiele besitzen zu diesem Zweck gemeinhin explizite Ziele und Regeln (vgl. ebd., S. 197 f).

---

[56] Man kann jedoch argumentieren, dass ein solches Risiko besonders in Bezug auf Time Management gegeben ist. Besonders im Rahmen der MMORPG-Debatte wird immer wieder von Einzelfällen berichtet, in denen das Investment ins Spiel hoch genug liegt, um „reale" Möglichkeiten zurückzustufen.

Auch wenn Videospiele nicht vom interpretatorischen Interesse der Benutzer abhängen, enthalten sie also dennoch sowohl ergodische als auch nichtergodische Elemente. Einerseits wird etwas interpretiert (der nonergodische Aspekt) – andererseits wird gehandelt, etwas wird verändert. Dabei entsteht eine Feedbackschleife, da Information durch Handlung gewonnen wird und die Information weitere Handlungen ermöglicht.

Die Kritik der Ludologen an den Narrativsten basiert zumindest teilweise darauf, dass es nie genügen könnte, nur die interpretative Seite zu beleuchten. Das Abstreiten der Sinnhaftigkeit von Teilanalysen ist jedoch nicht nachvollziehbar, können doch auch diese hilfreich sein und beantworten sie Fragen, die ludologische Modelle ausblenden.

Aktuelle Videospiele gewinnen viel ihrer Faszination als kulturelle Objekte aus der potenziellen Vielschichtigkeit. Im Idealfall wird es dem Spieler überlassen, welchem Aspekt er sich zuwenden will, während er durch das gebotene System, das als simulativ umschrieben werden kann, manövriert.

9.2 Simulation als Paradigma

Wie wir festgestellt haben, greift das Vergleichsmuster Narrativ für Computerspiele nicht wirklich. Zumindest fasst es nur einen uncharakteristischen Teil. Manche Autoren (FRASCA 2003, AARSETH 2004) führen dies darauf zurück, dass Computerspiele einem völlig anderem Paradigma verhaftet sind: der Simulation.[57]

9.2.1 Grundlagen der Simulation

Vom technischen Gesichtspunkt aus kann man Simulation folgendermaßen definieren:

> "Simulation is the imitation of the operation of a real-world process or system over time. Simulation involves the generation of an artificial history of the system and the observation of that artificial history to draw inferences concerning the operating characteristics of the real systems that is represented. Simulation

---

57 Eine dritte Form, die neben Repräsentation und Simulation angenommen werden könnte, wäre jene der Abstraktion (vgl. KAY/GOLDBERG 2003: 393).

is an indispensable problem-solving methodology for the solution of many real-world problems. Simulation is used to describe and analyze the behaviour of a system, ask what-if questions about the real system, and aid in the design of real systems. Both existing and conceptual systems can be modelled with simulation." (BANKS 1998: 3 f.)

Auch wenn diese Definition leicht widersprüchlich erscheint – einerseits wird von tatsächlich existierenden Modellen ausgegangen, andererseits kommen auch rein konzeptuelle Systeme vor – zeigt sich doch, das Simulationen nicht prinzipiell vom Computer abhängig sind. Im Zentrum steht die Beschreibung und Analyse eines Systems. Die künstliche Geschichte spielt dabei eine Rolle, wobei im Englischen die Ambiguität gegenüber dem narratologischen Diskurs geringer ist als im Deutschen: *story* und *history* tragen unterschiedliche Bedeutungen.

Auch Zufallselemente spielen in dieser Annäherung an die Simulation eine große Rolle (vgl. BANKS 1998: 93 ff). Diese könnte man durchaus mit *alea* vergleichen. Da Simulationen oft auf Problemlösung hin betrieben werden, könnte man ihnen auch beinahe *ludus*-Regeln unterstellen.

Trotzdem sind Simulationen nicht mit Spielen zu verwechseln. Spiele sind ein möglicher Weg, Simulation zu strukturieren – so, wie man Narrative als einen möglichen Weg ansehen kann, Repräsentation zu strukturieren.

Die Simulation ist auf jeden Fall ein dynamisches Modell, das ausgewählte Aspekte eines Referenzsystems benutzt. Gerade für den dynamischen Part haben sich Computer als äußerst hilfreich erwiesen. Kybernetisch betrachtet, kann der Spieler als auf das System wirkender Zufallsgenerator interpretiert werden. Die vorgenommenen Modifikationen ersetzen in gewisser Weise *alea*. Spieler und Zufallsgenerator können jedoch auch gegeneinander ausgespielt werden.

Um eine Simulation zu einem Spiel zu machen, ist es notwendig, dass Entscheidungen des Spielers das System beeinflussen. Im Rahmen der Simulation werden so Spielaktivitäten ermöglicht. Die Regeln der Interaktion zwischen Spieler und Simulation sind dabei schon von vornherein festgelegt (vgl. JÄRVINEN 2003).

9.2.2 Simulation und Raumerfahrung

Begreift man Simulation dagegen als Paradigma, führt das dazu, dass der Rahmen noch weiter gespannt wird. In diesem Zusammenhang stehen ludologische Theoretiker nicht alleine da. Auch LEV MANOVICH (2001: 111) beschäftigt sich mit Repräsentation und Simulation. Er tut dies von einem mediengeschichtlichen Standpunkt aus.

Der Ausgangspunkt für die Unterscheidung der beiden Modi ist der menschliche Körper. Im Bezug auf den Bildschirm beziehungsweise die Leinwand (sowohl im cinematographischen Sinn als auch schwächer im traditionell malerischen Sinn) wird das betrachtende Subjekt verdoppelt. Es existiert im (gedankenverlorenen) Körper und im virtuellen Raum des Bildes.

„Die Repräsentation schafft demzufolge einen Raum, der eindeutig vom Raum getrennt ist, in dem sich der Betrachter befindet, während die Simulation den Betrachter miteinbezieht und ihn in sich aufnimmt." (KÜCKLICH 2002: 91)

Dadurch entstehen für den Benutzer in der Simulation neue Bewegungsmöglichkeiten. Bei der Repräsentation wird der Körper fixiert beziehungsweise zum Verweilen an einem exakten Ort bewegt. Wie angedeutet, ist das Kino dafür ein gutes Beispiel, aber auch das Betrachten eines Bildes kann unter dieser Wahrnehmungsform subsumiert werden. MANOVICH spricht in weiterer Folge von einer „perspectival machine" (2001: 105). Mitunter wird der Eintritt des Beobachters in den Bildraum auch als „panoramatische Apperzeption" bezeichnet.

Während also die klassische Repräsentation den Benutzer quasi verdoppelt, existiert mit der Simulation schon lange eine zweite Tradition, die versucht, den virtuellen und den physischen Raum zu verschmelzen. Als Beispiele dafür können Fresken und Wandmalerei generell dienen, da sie architektonische Strukturen weiterführen. Im Gegensatz zu anderen Gemälden ist hier nicht der Betrachter, sondern das Bild unverrückbar. "The fact that the fresco and mosaic are 'hardwired' to their architectural setting allows the artist to create a continuity between virtual and physical space" (ebd., S. 112 f.). Die simulative Tradition beschränkt sich aber nicht auf solche Verschmelzungen mit Architektur. Besonders der Naturalismus des 19. Jahrhunderts entwickelte etwa mit Wachsfigurenkabinetten und Dioramas neue Formen. Konsequent zu Ende gedacht wären auch Skulpturen unter MANOVICHs Simulationskonzept einzuordnen.[58]

Als nächste Stufe in der Evolution der Simulation könnte man die Utopie der *Virtual Reality* ansehen, die mit ihrer Datenbrille den Blick in die „Wirk-

---

58 Dass Kinder lernen müssen, solche Elemente nicht berühren zu dürfen, wenn sie etwa Museen besuchen, scheint so etwas wie eine Ahnung für den Unterschied zwischen Simulation und Repräsentation aufzuzeigen. Tatsächlich fällt auch Spielzeug unter das Paradigma der Simulation, wie wir noch feststellen werden.

lichkeit" versperrt, gleichzeitig aber physische Bewegung erlaubt und sogar voraussetzt. MANOVICH geht in diesem Kontext nicht auf die gegenwärtige Computertechnik ein, ist für ihn der Bildschirm doch noch eindeutig ein Zeichen für Repräsentation.[59]

9.2.3 Die Kunst der Simulation

Andere Autoren vertreten in diesem Kontext abweichende Ansichten. Für AARSETH etwa stellt Simulation die Basis vieler kognitiver Vorgänge dar (vgl. 2004b: 52). So gut wie jeder Lernvorgang, oder zumindest jedes Training, basiere auf Simulation.[60] Im Unterhaltungsbereich beschränke der Einsatz sich jedoch hauptsächlich auf Videospiele.

"If you want to understand a phenomenon, it is not enough to be a good, you need to understand how the parts work together, and the best way to do is to build a simulation. Through the hermeneutic circle of simulation/construction, testing, modification, more testing, and so forth, the model is moved closer to the simulated phenomenon.
The computer game is the art of simulation. A subgenre of simulation, in other words." (AARSETH 2004b: 52; Kursivsetzung wie im Original)

AARSETH bezeichnet die Simulation als das „hermeneutic Other of narratives" (ebd.). Sie ist eine alternative Form des Diskurses und emergent – anstatt im Voraus bestimmt. In Simulationen wird die Erfahrung aus den Handlungen des Spielers gewonnen und nicht von einem Autor nachgestellt beziehungsweise vorgegeben.

Simulation ist also auch von diesem Standpunkt aus eine Alternative zur Repräsentation. Sie ist aber keineswegs ein neues Werkzeug. In Form von Spielzeug und Spielen, aber auch in wissenschaftlichen Modellen und Cybertexten war Simulation schon immer präsent. Das Potenzial der Simulation konnte aber nicht ausgeschöpft werden, da es durch technische Probleme beschränkt war. Erst die Erfindung von Computern änderte dies.

---

59 Auch Ansätze wie *Augmented Reality*, die Wirklichkeit und Datenraum übereinanderlegen, werden in diesen Kontext bei MANOVICH (2001) nicht berücksichtigt.

60 Interessant in diesem Zusammenhang ist KAYs und GOLDBERGs Anmerkung zum Metamedium Computer: "Moreover this new 'metamedium' is *active* [...]. This property has never been available before except through the medium of an individual teacher" (2003: 394; Kursivsetzung wie im Original).

9 Alternativen zur Repräsentation

Traditionell benutzten Wissenschaftler Simulation, um das Verhalten komplexer Systeme vorherzusagen.

"Therefore: 'to simulate is to model a (source) system through a different system which maintains (for somebody) some of the behaviours of the original system.' The key term here is 'behavior'. Simulation does not simply retain the – generally audiovisual – characteristics of the object but it also includes a model of its behaviours. This model reacts to certain stimuli (input data, pushing buttons, joystick movements), according to a set of conditions." (FRASCA 2003: 223)

Traditionelle Medien sind im Gegensatz dazu repräsentational, nicht simulational. Sie zeichnen sich dadurch aus, Beschreibungen von Eigenschaften zu liefern und/oder eine Folge von Ereignissen wiederzugeben. Letzteres bildet dabei das Narrativ.

Die Fotografie eines Flugzeugs etwa gibt uns Informationen über dessen Form und Farbgebung, aber diese Repräsentation fliegt natürlich nicht. Ein Flugsimulator, aber auch ein einfaches Modellflugzeug (vgl. FRASCA 2001: 21) sind im Gegensatz dazu nicht einfach Zeichen, sondern Maschinen, die Zeichen erzeugen – und zwar nach solchen Regeln, die das Verhalten von echten Flugzeugen nachahmen.[61]

Ein Film über eine Flugzeuglandung ist narrativ. Ein Betrachter könnte ihn auf unterschiedliche Art und Weise interpretieren. Zum Beispiel: „Das ist eine normale Landung." oder „Das ist eine Notlandung." Die Möglichkeit, zu beeinflussen, wie das Flugzeug landet, fehlt bei einem Film aber.[62]

---

[61] Dabei stellt sich natürlich die Frage, ob das Nachahmen von Regeln keine Repräsentation sei. In zweiter Instanz könnte man fragen, ob Simulation daher Superrepäsentation beziehungsweise Metarepräsentation sei, weil unterschiedliche Ausprägungen von Repräsentation zu einem Mechanismus vermengt werden – nach mathematischen Regeln.

[62] Hintereinander geschaltete narrative Sequenzen, bei denen der Seher/Spieler bestimmen kann, welche als nächste erscheint, können als Spiel (und im weitern Sinn als Simulation) interpretiert werden. Entscheidend ist, dass das System dynamisch auf die Eingabe reagiert. Es kann davon ausgegangen werden, dass dies der Fall ist, sobald die Wahl einer Sequenz die Wahl weiterer Sequenzen ermöglicht, die ansonsten nicht zugänglich wären. Im Grunde sind im hier dargestellten Fall nur die Intervalle zwischen den Auswahlmöglichkeiten verhältnismäßig groß.

9.2 Simulation als Paradigma

Im Flugsimulator besteht im Gegensatz dazu diese Möglichkeit. Die Aktionen des Spielers modifizieren das Verhalten des Systems, ähnlich wie sie das Verhalten eines tatsächlichen Flugzeugs beeinflussen würden.[63]

Videospiele können als eine besondere Art gelten, Simulationen zu strukturieren – so wie ein Narrativ eine besondere Art ist, Repräsentation zu strukturieren (FRASCA 2003: 224). Folglich ist bei weitem nicht jede Simulation ein Spiel (vgl. JÄRVINEN 2003).

Für einen externen Beobachter mag die erzeugte Zeichenfolge im Film und in der Simulation exakt gleich aussehen. Dennoch kann man die Simulation nicht verstehen, wenn man nur den Output analysiert. Das ist einer der Fallstricke des narrativen Paradigmas. Das Empfinden, Fußball zu spielen, kann nicht mit jenem verglichen werden, bei einem Match zuzusehen. Drastisch und polemisch formuliert: "Outside academic theory people are usually excellent at making distinctions between narrative, drama, and games. If I throw a ball at you I don't expect you to drop it and wait until it starts telling stories" (ESKELINEN 2001).[64]

Die Verwirrung im akademischen Feld könnte man damit erklären, dass wir es so gewohnt sind, die Welt über Narrative wahrzunehmen, dass es schwer fällt, eine Alternative anzunehmen. Sowohl Öffentlichkeit als auch „Kulturindustrie" sind darauf eingespielt, Narrative zu konsumieren beziehungsweise zu produzieren. Spiele werden aus naheliegenden Gründen in die vorhandenen Distributionskanäle gelenkt.

Ihren einzigartigen Status unter den Simulationen erhalten Videospiele dadurch, dass sie eben so weit verbreitet sind: "Video games imply an enormous paradigm shift for our culture because they represent the first complex simulational media for the masses" (FRASCA 2003: 224). (Brett-) Spiele und Spielzeug können zwar als frühere Beispiele simulationaler Medien angesehen werden, doch sind diese FRASCAs Meinung nach um ein vielfaches weniger komplex als Simulationen, die sich der Hilfe von Com-

---

63 Die Genauigkeit des Modells hängt dabei wie in der Repräsentation von der Interpretation des Beobachters ab. Eine Flugsimulation könnte auf einen Laien äußerst realistisch wirken, während ein tatsächlicher Pilot das Modell als zu simpel beziehungsweise unrealistisch bezeichnen könnte.

64 Tatsächlich sind aber durchaus Spiele denkbar, in denen zwar nicht der Ball, aber der Spieler erzählen muss. Das ist einzig und alleine eine Frage der Regeln. Man denke etwa nur an das klassische Kennenlernspiel mit dem Wollknäuel.

putern bedienen. Folglich sieht er die gegenwärtige Gesellschaft am Beginn einer langen Entwicklung:

> "It will probably take several generations for us to fully understand the cultural potential of simulation, but it is currently encouraged from different fields, such as the constructionist school of education and Boalian drama. One of the most interesting cognitive consequences of simulation is its encouragement for decentralized thinking […], which may in the long turn contest Mark Turner's claim of a 'literary mind' by introducing the possibility of an alternative 'simulational' way of thinking." (FRASCA 2003: 224)

Für ESPEN AARSETH (vgl. 2001: 303) bilden Simulationen sowohl eine neue Art von Ästhetik als auch einen neuen sozialen Diskurs – eben als Alternative zum Narrativ, das bis dahin das Paradigma war, um Wissen und Erfahrung zu vermitteln. AARSETH vertritt die Meinung, dass gegenwärtig die Simulation das effektivste pädagogische Werkzeug sei. Selbst zu erfahren statt zu beobachten stehe damit im Mittelpunkt. Unbekanntes zu erkunden, Modelle und Hypothesen auszutesten und neues Wissen anders zu erwerben, wäre damit auf einer ganz anderen Stufe möglich als mit Repräsentation.

Damit entfernt sich AARSETH natürlich bereits vom Videospiel, schwebt ihm doch eher ein pädagogisches Werkzeug vor. Der didaktische Ansatz bleibt freilich nur als Versprechen bestehen. AARSETH befasst sich konkret mit Spielen und nicht mit Lernsoftware. Das Paradigma bleibt jedoch dasselbe.

9.2.4 Simulative Rhetorik

Auch wenn man Spiele von Narrativen trennt, sollte man bedenken, dass Videospiele die Ideen und Empfindungen eines „Autors" transportieren können. So können Simulationen Botschaften übermitteln, die ein Narrativ nicht übermitteln kann – aber auch umgekehrt (vgl. FRASCA 2003: 225). Momentan ist das Wissen um eine mögliche Rhetorik der Simulation aber noch sehr beschränkt.

Am ehesten lässt sich eine solche Rhetorik noch in Spielen finden, die explizit eine bestimmte Botschaft verbreiten wollen. Das Außergewöhnliche der Simulation besteht darin, dass nicht nur eine Botschaft, sondern eine dynamische Erfahrung transportiert werden kann. Während normalerweise im Videospiel der Wunsch zu unterhalten im Zentrum steht, wird die Unterhaltung hier Mittel zum Zweck.

9.2 Simulation als Paradigma

Es wird eine Umgebung zum Experimentieren geschaffen. Ein solcher Zugang eignet sich nicht nur für die Produktwerbung, sondern kann auch zu politischen Zwecken benutzt werden. Neben dem berühmten Beispiel des Rekrutierungspropagandaspiels „America's Army" (2002) bietet etwa auch die UNO auf diversen Webpages Spiele zum Gratisdownload an. Ein Beispiel dafür ist „Food Force" (2005). Hier muss man eine Hungersnot verhindern, indem man unter anderem Versorgungsstrukturen aufbaut.

Während die narrative Auseinandersetzung mit einer Thematik zwangsweise einen positiven oder negativen Ausgang schildern muss (beziehungsweise das Ende offen lässt und gar nicht schildert),[65] ist der Autor einer Simulation nicht dazu gezwungen, diese dramaturgische Entscheidung zu fällen. Auch die Festlegung einer expliziten Moral wird dabei zur Seite geschoben. Implizit ist in der Programmierung der Spielmechanik natürlich eine Moral vorgelegt.

In Spielen ist der unterschiedliche Verlauf und Ausgang nicht Möglichkeit, sondern Voraussetzung. Man kann Spiele dadurch definieren, dass man immer neu beginnen kann – sowohl in ihrer Ausprägung als *paidia* als auch als *ludus*.

Anders als Narrative bestehen Simulationen nicht aus einer Folge von Ereignissen, sondern beinhalten Verhaltensregeln. Ein Spiel kann nahelegen, Gegner zu töten – oder aber ihnen auszuweichen. Das hängt etwa davon ab, wie schwierig der Designer die eine oder andere Vorgehensweise gestaltet und wofür es Punkte (oder eine andere Belohnung) gibt. Der Spieldesigner[66] kann dass scheinbare Schicksal auf unterschiedliche Art manipulieren: durch festgelegte Ereignisse und *cut scenes* oder einfach durch die Wahrschein-

---

[65] Eine denkbare Möglichkeit besteht noch im Schildern mehrerer Enden. Das ist aber erstens sehr unüblich und zweitens kann die Reihenfolge der Enden auch suggestiv verstanden werden. Man denke zum Beispiel an „Lola rennt" (1998). Das Happy End findet als letztes statt und erweckt damit klar den Eindruck das „reale" Ende zu sein. Ein weiterer Einwand wäre, dass beim mündlichen Erzählen – und bei Aufführungen generell – ebenfalls das Ende variiert werden kann.

[66] An dieser Stelle ist anzumerken, dass es heute auf Grund der großen Programmiererteams in der Regel schwer ist, einen „Verantwortlichen" zu nennen. Die Prinzipien einer aus der Filmtheorie bekannten Auteur-Theorie werden aber zumindest vom Marketing in der Videospielbranche regelmäßig angewandt. Folgt man der Auteur-Theorie, wäre der *director* – ähnlich dem Regisseur im Film – als der kreativ Verantwortliche zu benennen.

lichkeit eines Zufallselements. Der Designer entscheidet darüber, was der Spieler nicht kontrollieren kann.

Auch hier greift der Fakt, dass die Regeln des Spiels zumindest partiell durch kulturelle und ideologische Vorannahmen festgelegt werden. Eine Simulation desselben Sachverhaltes könnte ja nach den zu Grunde liegenden Regeln völlig unterschiedlich ausgehen.

9.2.5 User und Simulation

Simulationen und vor allem Videospiele als ihre populärste Ausbreitung bieten potenziell eine Möglichkeit, reale Sachverhalte anders wahrzunehmen und daraus zu lernen. Grundsätzlich existiert die Möglichkeit zwar auch in repräsentativen Systemen, doch sind traditionelle Medien weitaus „geschlossenere" Systeme. Das liegt zum Teil auch daran, dass sich als verbindlich wahrgenommene Designstrukturen in Videospielen erst bilden. Während die literarischen und filmischen Codes bereits sehr weit ausformuliert sind, bleiben Videospiele, weil sie ein relativ junges Medium sind, im Vergleich noch flexibel und offen.

So gut wie jedes Spiel erschafft ein – zumindest teilweise – neues Interface. Die Qualität eines Spiels wird oft dadurch bestimmt, inwiefern es dazu in der Lage ist, neue Strukturen der Interaktion zu erfinden und dadurch sogar neue Genres zu schaffen (vgl. FRIEDMANN 1999a). Natürlich bauen auch neue (Sub-) Genres auf tradierten Inhalten auf – sowohl auf solchen, die sie aus anderen Spielen übernehmen, als auch auf generellen kulturellen Annahmen.[67]

„SimCity" (1989) etwa kann einerseits als eines der ersten und einflussreichsten *god games* gesehen werden, andererseits beschreibt es die Welt aber nach durchaus altbekannten kapitalistischen Paradigmen. Ähnlich wie „SimCity" und dessen zahlreiche Fortsetzungen funktionieren auch „Civilization" (1991) und dessen Nachfolger. Als Herrscher steuert man das Ge-

---

67 Neuere Spiele besitzen oft etwas, das als „popkulturelles Bewusstsein" umschrieben werden kann: sie bemühen sich, gewisse Annahmen über die Welt, wie sie sich zum Beispiel in Filmgenres entwickelt haben, oder wie sie typisch für eine Subkultur oder das populäre Bild beziehungsweise die Mode eines Jahrzehnts sind, möglichst genau nachzustellen. Ein solcher Akt führt oft an den Rand der Persiflage, da Selbstverständlichkeiten im neuen Medium rekontextualisiert werden (vgl. dazu auch JÄRVINEN 2003 und Kapitel 11.2).

9.2 Simulation als Paradigma 89

schick einer Zivilisation über Jahrtausende hinweg, von der Steinzeit bis zur Kolonialisierung des Weltalls. Tatsächlich geht der Spieler dabei vielen Aufgaben nach: "[Y]ou hold not just one job, but many simultaneously: king, general, mayor, city planner, settler, warrior, and priest, to name a few" (FRIEDMAN 1999a: 2).

Dennoch identifiziert man sich mit keiner dieser Rollen, sondern in gewisser Weise mit dem Computer – besser gesagt mit einem Prozess, mit der Simulation selbst (vgl. FRIEDMAN 1995). Die Logik des Programms wird vom Spieler internalisiert und läuft beinahe unbewusst ab. Einerseits muss man sich die Regeln des Spiels verinnerlichen und die Konsequenzen jedes eigenen Zuges im vorgegebenen Spielsystem abschätzen lernen, andererseits scheinen genau diese Entscheidungen nach einiger Spielzeit vom Spieler ohne die Notwendigkeit, darüber nachzudenken, abgewickelt zu werden.

Man lernt, auf das Computerprogramm zu reagieren – und das beinahe meditativ. Der Spieler vergisst sich selbst während des Spiels:

> "The pleasure of computer games is in entering into a computer-like mental state: in responding as automatically as the computer, processing information as effortlessly, replacing sentient cognition with the blank hum of computation. When a game of Civilization II really gets rolling, the decisions are effortless, instantaneous, chosen without self-conscious thought. The result is an almost-meditative state, in which you aren't just interacting with the computer, but melding with it." (FRIEDMAN 1999a: 3)

FRIEDMAN sieht dies als eine Art von kybernetischem Kreislauf im WIENERschen Sinn. Eine andere Interpretation wäre es freilich, zu behaupten, man lerne zu denken wie ein Programmierer (beziehungsweise wie der Programmierer des konkreten Spiels). Da der Programmierer die Entscheidungen trifft, wie das Spiel reagiert, muss der Spieler sich dessen Denkstruktur (zumeist über Trial-and-Error) aneignen. „SimCity" (1989) reagiert etwa genauso kapitalistisch, wie es der Programmierer WILL WRIGHT geschrieben hat. Auf anderen Theorien zur Städteplanung basierend, würde das Spiel gänzlich andere Aktionen vom Spieler fordern.

Die Metapher vom „Denken wie ein Computer" funktioniert dabei sowohl für das Programmieren als auch aus der Spielperspektive. In gewisser Weise sind Videospiele also eine Ästhetisierung des Programmierprozesses.

Das bezieht sich nur als erster Eindruck auf abstrakte oder avatarlose Spiele. Auch wenn man einen Spielcharakter steuert, lässt sich ähnlich argumentieren. Zwar wird das System indirekter – mit einem beschränkteren Werkzeug – „bearbeitet", zumindest auf Ebene des Spielerlebnisses läuft aber ähnliches ab. Das ist einer der Hauptstolpersteine für narratologische Spieletheorie: beim Beobachten eines Spielvorgangs und beim Videospielen selbst herrschen vollkommen unterschiedliche Wahrnehmungen vor.

Auch ein Vergleich zu Immersion und Identifizierung während der Konsumation eines Narrativs – sei es ein Film oder ein Leseakt[68] – sollte nicht zu leichtfertig angestellt werden. Zwar erfolgt auch ein „Eintauchen", doch ist dieses von anderer Qualität, weil man weniger von einer linearen Struktur geleitet wird.[69]

In gewisser Weise decodiert man beim Spielen den Code des Programmierers. Folgerichtig ist die Erfahrung im Spiel ein idealer Ansatzpunkt, um diesen kybernetischen Kreislauf zu reflektieren. Spiele ästhetisieren unsere Verbindung zur Technologie. Die Verbindung wird hier zum Selbstzweck.

> "They turn it into a source of enjoyment and an object for contemplation. They give us a chance to luxuriate in the unfamiliar pleasure of rote computation and depersonalized perspective, and grasp the emotional contours of this worldview." (FRIEDMAN 1999: 4)

Eine ähnliche Erfahrung kann aber etwa beim Autofahren oder beim *channel surfing* ebenfalls gegeben sein. Mitunter wurde die Selbstvergessenheit in solchen Momenten als *flow* bezeichnet (vgl. WILLIAMS 1974; TURNER, V. 1982; CSIKSZENTMIHALYI 1990). Dabei handelt es sich ebenfalls um die Ästhetisierung von kybernetischen Verbindungen – nur, dass es nicht um die Verbindung zu Computern geht.[70] Zentral für uns ist jedoch der Vergleich zu traditionellen Medien.

---

68 Es bleibt anzumerken, dass die Identifikation des Konzepts von Immersion direkt aus der Filmtheorie stammt und dort als eigentümlich für den Film betrachtet und nicht auf „klassisches" Lesen angewandt wird. Gewisse Parallelen zwischen diesen beiden Arten des Selbstvergessens können aber auf jeden Fall angenommen werden.

69 Natürlich gibt es auch bei Narrativen viele Mittel, die Linearität zu umgehen – jedoch sind solche Ermächtigungen der Leser in der Regel nicht strukturell eingeplant.

70 Weiter gefasst, können Aufräumen oder Kochen auch als Tätigkeiten gesehen werden, mit denen ein System bearbeitet wird. Auch künstlerische Tätigkeiten wie Malen können dem *flow* zugeordnet werden. Im Gegensatz zu Spielen gibt es dabei in der Regel jedoch weniger vordefinierte Ziele und keine unmittelbare Belohnungsstruktur. Die Faszination von Patiencen beispielsweise lässt sich am einfachsten über die *flow*-Theorie erklären.

9.3 Die Reinterpretation narrativer Strukturen

Unabhängig von diesen Gegenentwürfen kann man auch den Versuch wagen, die klassischen dramatischen Strukturen für eine ludische Theorie wiederaufzubereiten beziehungsweise unter dem Gesichtspunkt einer Spielsituation zu analysieren.

Als Mischform kann dabei AUGUSTO BOALs partizipatorisches Theater angesehen werden. Aus politisch emanzipatorischer Sicht ist am aristotelischen Theater zu kritisieren, dass es gesellschaftlichen Wandel negiert, da die Wirklichkeit als unabwendbare und unveränderbare Folge von Ereignissen dargestellt wird (vgl. FRASCA 2003: 228).

Der Brasilianer AUGUSTO BOAL hat als Antwort darauf in den 1970ern das „Theater of the Oppressed" entwickelt (vgl. WARDRIP-FRUIN/MONTFORT 2003: 339). Hier werden Theater- mit Spielaspekten verbunden. Eine der wichtigsten Techniken im „Theater of the Oppressed" ist das *forum theater*. Dabei wird das selbe Stück mehrmals hintereinander aufgeführt, wobei jedes Mal ein anderes Publikumsmitglied die Rolle des Protagonisten übernimmt. Die kurzen Stücke stellen eine Situation der Unterdrückung dar, und das Publikum wird dazu aufgefordert, mögliche Lösungen für die Situation zu improvisieren. BOALs Interesse liegt dabei nicht so sehr im Finden einer tatsächlichen Lösung – sondern darin, ein Umfeld zu schaffen, in dem durch Performance eine Debatte stattfindet.

Forum theater entspricht dadurch zumindest FRASCAs Definition von Simulation: es stellt ein System durch ein anderes nach, die Situation der Unterdrückung durch ein Spiel (*play*). Die aristotelische Geschlossenheit steht folglich nicht im Mittelpunkt.

Während interaktive Narrative versuchen, dem Spieler Freiheit zu vermitteln und gleichzeitig dramaturgische Kohärenz zu erhalten, resultiert das Funktionieren des BOALschen Dramas nicht aus einer Dreiaktstruktur. Vielmehr ist es gerade die Möglichkeit, diese Struktur zu durchbrechen und umzuformen, die motiviert.[71]

In der Simulation löst sich eine Quelle der Macht des Erzählers auf: die, eine Aussage durch die Festlegung von Ursache und Wirkung zu machen. Autoren von Simulationen legen die Regeln fest. Sie haben zwar ein Bild

---

71 Wobei man anmerken sollte, dass eine solche Negation das klassische Theater dann logischerweise voraussetzt.

davon, wie sich die Simulation verhalten wird, aber die genaue Abfolge in einem konkreten Verlauf ist ihnen unbekannt.
Autoren von Narrativen könnten mit einer Exekutive verglichen werden. Sie setzen sich mit dem konkreten Fall auseinander. Autoren von Simulationen wären eher mit einer Legislative zu vergleichen.

Versucht man CAILLOIS' *ludus*-Kategorie mit dem aristotelischen Drei-Akt-Modell in Einklang zu bringen, könnte man den ersten Akt als jene Phase sehen, in der Regeln festgesetzt werden. Im zweiten handeln dann die Spieler und im dritten wird das Spiel beendet und die Gewinner ermittelt. Aus dieser Perspektive betrachtet, ist *ludus* unter Kontrolle des Autors. *Paidia* dagegen bietet ein offeneres Konzept. Das aristotelische Modell und *ludus* haben eine weitere Verbreitung als ihre Gegenmodelle. Sie haben ein Ende, an dem Sieger und Verlierer definiert werden können.

Folglich kann man drei Stufen von Ideologie in Simulationen unterscheiden (vgl. FRASCA 2003: 232):

- Die erste Ebene teilt die Simulation mit dem Narrativ. Hier geht es um Repräsentation und Ereignisse. Auf dieser Ebene sind die Zuschreibungen der Charaktere im Spiel, der Hintergrund und *cut scenes*, aber auch die vorgegebenen Ziele angesiedelt.
  So könnte man etwa nur durch Austauschen der Uniformen zwischen Spielerfiguren und Computergegner in einem militärischen Videospiel den ideologischen Hintergrund völlig umkrempeln.
- Die zweite Ebene befasst sich mit dem Ändern der Regeln. Hier geht es darum, was der Spieler in einem Spiel machen darf. In der „GTA"-Serie darf der Spieler etwa Feuer auf Passanten eröffnen und sie töten. Das ist jedoch nicht das Ziel des Spiels. Würde man Punkte dafür bekommen, wäre es ein völlig anderes Spiel. Die meisten *paidia*-Spiele arbeiten auf dieser Stufe.
- Eine dritte Ebene bilden schließlich die Regeln, die zu einem Sieg führen. Auf dieser Ebene ermutigen die Designer Spieler zu einem bestimmten Verhalten – eben jenem, dass zum Sieg zählt oder führt.

Zusätzlich kann noch die ideologische Stufe der Metaregeln angenommen werden. Hier geht es darum, wie weit es dem Spieler ermöglicht wird, die Regeln der drei anderen Stufen zu manipulieren und zu verändern. Es ist eine bewusste Entscheidung des Designers, wie viel Einflussnahme er ermöglicht. Beispiele für dies wären etwa Leveleditoren oder die Bereitstellung des Sourcecodes.

10 Raum und Spiele

10.1 Was kann Raum sein?

Der Begriff „Raum" tritt im üblichen Sprachgebrauch als etwas selbstverständlich Gegebenes auf. Raum wird als eine Naturgegebenheit betrachtet. „Die alltäglichen Raumvorstellungen der meisten Menschen unserer Zivilisation sind mehr oder weniger stark ‚kolonisiert' durch die Raumauffassung der klassischen Physik in der Form des dreidimensionalen euklidischen Raumes [...]" (LÄPPLE 1991: 36). Dieser physikalische, naturzentrierte Raumbegriff hat sich erst seit der Renaissance durchzusetzen begonnen. Ethnologische Studien zeigen, dass Raumkonzepte sogenannter Naturvölker fast immer menschzentriert beziehungsweise gruppenzentriert sind.

Aber auch die einstige rein geometrische Bedeutung des Wortes „Raum" ist laut HENRI LEFEBVRE (1998) in jüngerer Vergangenheit erweitert worden. Früher bedeutete Raum einfach ein leeres Gebiet und wurde gemeinhin mit Attributen wie „euklidisch", „isoptrop" oder „unendlich" ausgestattet. Raum war im Grunde mathematisch – von „sozialen Räumen" zu sprechen, hätte einen seltsamen Beigeschmack gehabt.

In der Philosophie wurde freilich schon DESCARTES als derjenige betrachtet, der das Konzept von Raum entscheidend veränderte. Er brach die mehrdeutige aristotelische Tradition bezüglich Raum (und Zeit) und machte Raum absolut. Als Objekt, im Gegensatz zum Subjekt, als *res extensa*, wurde Raum zur alles dominierenden und enthaltenden Form.

Erst KANT veränderte das Raummodell danach entscheidend. Raum (und Zeit) sind bei Kant *a priori* festgelegt – im menschlichen Bewusstsein – und im Grunde „als eine Art Rahmen" nicht zu begreifen.

In der Mathematik wurden unzählige Räume geschaffen, der „Raum dieser Räume" wurde jedoch nicht wirklich konzeptualisiert. Die Untersuchung der Verbindung zwischen Mathematik und Realität wurde wieder an die Philosophie abgeschoben. So wurde Raum, wie schon PLATON und LEONARDO DA VINCI vorgeschlagen hatten, zu einer „mentalen Angelegenheit" (vgl. LEFEBVRE 1998: 3). Die Explosion mathematischer Theorien brachte die altbekannte Problematik der Erkenntnis wieder zum Vorschein: Wie sollte der Übergang vom mathematischen (geistigen) Raum zum „natür-

lichen" Raum und zur Praxis und schließlich zum gesellschaftlichen Leben vollzogen werden?
Die Erkenntnistheorie hat laut LEFEBVRE den Status von Raum als mentalen Gegenstand übernommen. Und obwohl der Raumbegriff so gut wie in jeder Wissenschaft verwendet wird – vom literarischen Raum bis zur psychoanalytischen Topologie –, bleibt er undefiniert.
MICHEL FOUCAULT bezeichnete etwa das Wissen (*savoir*) als den Raum, in welchem das Subjekt Position einnehmen könne und von welchem aus er von den Objekten im Diskurs sprechen kann. FOUCAULT erklärte aber nie, was dieser Raum sei, den er bezeichnete, noch überbrückte er den Spalt zwischen theoretischem (epistemologischem) und praktischem Raum, zwischen mentalem und sozialem (vgl. LEFEBVRE 1998).
Im Videospiel ist Raum dagegen klar identifizierbar, selbst wenn mehrere unterschiedliche Raumkonzepte miteinander konkurrieren.
Auch im Fall von „Raum" ist der Begriff im Deutschen mehrdeutiger als im Englischen. Sowohl *space* als auch *room* können mit „Raum" übersetzt werden. Eine so zentrale Bedeutung wie bei *game* und *play* erlangt diese Unterscheidung aber zumindest im Kontext dieser Arbeit nicht.

10.2 Bitmaps und Datenräume

Das erste kommerzielle Computerspiel trug den Namen „Computer Space" (1971). Das Spiel leitet seinen Namen zwar eher vom Weltall als von Raumkonzepten ab – tatsächlich war aber eine neue Form von Räumlichkeit in den öffentlichen Raum getreten. „Computer Space" war eine Weiterentwicklung – heute würde man wohl Imitation dazu sagen – von „Spacewar!" (1962).
Ob der simple schwarze Hintergrund, der tatsächlich in gewisser Weise ans Weltall erinnerte, schon mit einem Informationsraum vergleichbar ist, bleibt fraglich. Wie bereits erwähnt, kam das erste Videospiel für den Heimgebrauch, die *Magnavox Odyssey* (1972), noch ohne Computer aus. Man konnte zwar schon ein „Protopong" spielen, aber man musste sich beim „Bildschirmtennis" noch selbst den Spielstand merken (vgl. PIAS 2003: 5).
Neben diesem Strang von Videospielen, die ab den frühen 1970ern abseits von den Rechnern großer Institutionen auch erste Ausflüge auf dem kom-

10.2 Bitmaps und Datenräume

merziellen Markt unternahmen, wurde der virtuelle Raum noch von einer zweiten Entwicklung geprägt: Experimente im Palo Alto Research Center, kurz PARC, gaben einen Eindruck, wohin sich ein grafischer Benutzerinterface entwickeln könne, noch lange bevor eine solche Schnittstelle mit den *Macintosh-* und *Windows*-Betriebssystemen popularisiert und wirklich verbreitet wurde (vgl. JOHNSON 1997: 13 ff.; KAY/GOLDBERG 1977: 393 ff.).

Mit Bitmap-Grafik wurden Daten dadurch am Bildschirm visualisiert, dass Speicherbereichen für jeden Pixel am Bildschirm eine Position zugeteilt wurde – nicht unähnlich einem Raster. Der Begriff „Karte" ist im Wort *bitmap* klar auszumachen. Diese zweidimensionale Darstellung führte zu einer Repräsentation des Speicherinhalts am Bildschirm,[72] wobei für die Darstellung in der Regel Bilder den Speicherinhalt bildeten. Die Daten hatten räumliche Attribute erhalten. Damit war auch eine direktere und vor allem räumlich bildhaftere Manipulation möglich, als textuelle Repräsentation sie erlaubte (vgl. JOHNSON 1997: 20).

Man kann so weit gehen, im Hinblick auf die Experimente von etwa DOUGLAS ENGELBART festzustellen: "For the first time a machine was imagined not as an attachment to our bodies, but as an environment, a space to be explored" (JOHNSON 1997: 24). Der Superlativ scheint zwar aus einer Perspektive, die althergebrachte simulative Systeme im Sinne MANOVICHs mitdenkt und den Begriff „Maschine" weit setzt, übertrieben – aus ihrer Nischenexistenz wurde diese Technologie jedoch tatsächlich erst mit den Computern geholt.

Geht man zu den frühesten Videospielen zurück, etwa zu „Pong" (1972) oder „Space Invaders" (1978), war die gesamte virtuelle Welt auf einem Bildschirm überschaubar. Alle Elemente und Objekte waren zu jedem Zeitpunkt einsehbar. Der Bildschirm war die Welt, seine Grenzen deren Ende:

> "The screen is inescapable and, importantly, immovable. It presents a single, fixed view of the world that it contains and the extent of that world defined by the screen." (NEWMAN 2004: 32)

Die Ansicht, dass die technischen Beschränkungen der frühen Spiele der einzige Grund für die Gleichung „Bildschirm ist gleich Welt" war, ist jedoch problematisch. Vielmehr scheint es der naheliegendste Einfall zu sein, ein Objekt *über* den Schirm zu steuern. Erst nachdem dies geschehen war, konn-

---

[72] JOHNSON bezeichnet dies als "[…] an unlikely alliance of cartography and binary code, an explorer's guide to the new frontier of information" (1997: 20).

ten Variationen bzw. Alternativen erkannt werden, die über diese „natürliche" Grenze hinausgehen.

Dem Modell des Bildschirms als Fläche, auf der agiert werden und die manipuliert werden konnte, stand ein zweiter räumlicher Ansatz gegenüber. Das Navigieren in Datenbanken weckt ebenfalls durchaus Assoziationen zu topologischen Strukturen. Die Textadventures und ihre Vorgänger (wie etwa CROWTHERs Höhlenprogramm) wussten das auszunutzen. Auch die Struktur von Hypertext mit ihren Verzweigungen eignet sich für räumliche Metaphern (vgl. MANOVICH 2001: 227). Dazu braucht es nicht einmal die Dynamik des Cybertextes.

10.3 Spielräume

Spiele besitzen auch in der computerlosen Form einen starken räumlichen Bezug. HUIZINGAs „Bannung" des Spiels in einen „Zauberkreis" kann als zentraler Aspekt seiner Untersuchung in *Homo Ludens* (2004) angesehen werden. Das Spiel wird unter anderem dadurch definiert, dass es sich von der „wirklichen" Welt trennt und absetzt.[73]

Explizit auf Computer- und Videospiel bezogen, kann man Raum als das über alle Genregrenzen hinweg vereinende Element annehmen (vgl. AARSETH 2001: 303; NEWMAN 2004: 107).

Videospielwelten sind kaum mehr vergleichbar mit den Spielbrettern von Schach oder den Spielfeldern von Fussball. Die heutigen Spielewelten sind bei weitem größer und vor allem nehmen sie fürs Spiel eine leichter als zentral zu erkennende Rolle ein, als sich noch zu einem Zeitpunkt vermuten ließ, als die Begrenzung des Bildschirms das Ende der Spielewelt ausmachte. Räume und Welten müssen durchwandert und erforscht werden. Die Erforschung, die Reise durch den virtuellen Raum, stellt einen der größten Reize von Videospielen dar.

---

73 Zwar findet es in der wirklichen Welt statt, aber es wird eben „abgeschirmt". Mit dem Cyberspace wird diese Debatte natürlich komplizierter, da es meist schwierig ist, „real" und „virtuell" eindeutig zu bestimmen.

10.3 Spielräume

Entwickelt haben sich die grafischen Spiele dabei von verbundenen Einzelbildschirmen („Adventure" [1978][74], „The Legend of Zelda" [1986]) hin zum zweidimensionalen Scrolling (etwa „Super Mario Bros" [1985]) und weiter zur Projektion einer zentralperspektivischen, dreidimensionalen Umgebung („Doom" [1993]).[75]

Der Bildschirm wurde dadurch von einer Begrenzung zu einer Fenstermetapher in eine (größere) Welt. Damit hat sich natürlich auch die Bedeutung gewandelt. Während man in frühen Spielen den begrenzten Raum verteidigen musste oder er einfach nur neutrales Kampffeld war, ist er heute nicht nur „container for the action" (NEWMAN 2004: 33), sondern wesentlicher Bestandteil des Spieles. Er ist Teil der Herausforderung und der Lösung. Er ist mitunter sogar die Belohnung für den Spieler (etwa durch das Erreichen weiterer Levels) und er muss durchwandert, erforscht und genutzt werden.

Von diesem Standpunkt aus betrachtet, handeln Videospiele im Wesentlichen von der Navigation und Bezwingung jener Räume, die sie vorführen und erzeugen.

> „Räumlichkeit kann als definierendes Merkmal von Computerspielen angesehen werden, denn in ihnen geht es vor allem um die Darstellung von Raum und dessen Auflösung. Die Weisen der Darstellung von Raum sind daher auch eine gute Grundlage für die Klassifikation der Computerspiele." (AARSETH 2001: 303)

Als Beispiel für die ursprüngliche Bedeutung mag etwa „Tetris" (1985) dienen: der Spieler muss in gewissem Sinn seinen Raum verteidigen – vor den geometrischen Objekten, die ihn einnehmen wollen. Aber dieses Element wird auch in neueren Spielen gefunden: die Situation im archetypischen 3D-Beat'em-Up „Virtua Fighter" (1993) könnte etwa damit verglichen werden. Während des Zweikampfes bedeutet der Sturz aus der Arena die Niederlage. Hier wird eine *gameworld* – die Arena – innerhalb einer *playworld* abgegrenzt (vgl. NEWMAN 2004: 108).

---

74 „Adventure" (1978) – nicht zu verwechseln mit „Adventure" (1976) – ist ein frühes Grafik-Adventure, das versuchte, eine Topologie wie im namensgleichen Vorbild mit den beschränkten grafischen Mitteln und Interface des *Atari VCS* darzustellen.

75 Erwähnenswert bleiben natürlich Text-Adventures, die bereits zu einem früheren Zeitraum die Erforschung einer virtuellen Welt ermöglichten – wenn auch nur schriftlich.

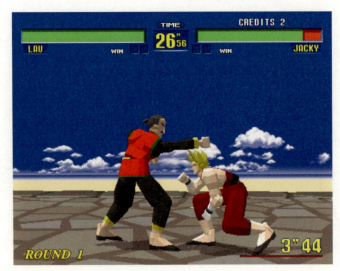

Abb. 14
„Virtua Fighter"
(1993)

10.4 Raum und Narrative

So unvereinbar, wie es uns vor allem die ludologische Theorie nahelegen will, sind Narrative und Raumkonzepte aber nicht. Es gibt durchaus literarische Gattungen, in denen eine wie auch immer geartete Erzählung hinter Raum- oder Ortsbeschreibungen zurücktritt. MANOVICH (2001: 246) bietet einen Ansatz, der hierfür ein Erklärungsmodell anbietet: in der narrativen Theorie wird davon ausgegangen, dass Beschreibungen die Handlung unterbrechen. Narration und Deskription bilden ein Gegensatzpaar.

Als besonders deutliches Beispiel dafür können die Reiseberichte des 16. und 17. Jahrhunderts[76] gelten, die von Forschern und Eroberern der Neuen Welt verfasst wurden (vgl. FULLER/JENKINS 1995). Diese Texte sind nicht nach dem heute gängigen Schema konzipiert. Sie haben weder einen richtigen Plot noch findet Charakterentwicklung statt. Den Mittelpunkt dieser Erzählungen bildet vielmehr die Transformation und Beherrschung von Geographie, die Kolonisation von Raum.

---

76 Vgl. etwa RALEIGH, WALTER (1596): *Discoverie of the large, rich and beautiful empire of Guiana*. London: Haklyut Society 1848.

10.4 Raum und Narrative

Auch während des Videospielens ist das Narrativ eine kontextstiftende Nebensächlichkeit. Die Spieler setzen sich nicht damit auseinander. Die Konzentration ruht vielmehr auf dem Umgang mit dem Terrain der Spielwelt, das sie durchwandern, und den Objekten darin. In den Reiseberichten findet sich eine sehr ähnliche Struktur.

Interessanterweise wurde die Sprache von (zukünftigen) Kolonialherren besonders in den frühen Neunzigern regelmäßig von den Apologeten einer gerade entstehenden Online-Kultur und von Virtual Reality bemüht. Man rief „a new frontier of information" (JOHNSON 1997: 20) aus.[77] Nimmt man die Metapher der „neuen Welten" und der „Kolonalisierung" wörtlich und wendet sich real existierenden Videospielen anstatt dem Phantom *einer* virtuellen Realität zu, können wir die räumliche Logik untersuchen (vgl. FULLER/ JENKINS 1995: 59).

Entdecker wie RALEIGH oder COLUMBUS schrieben chronologisch strukturiert über Reisen und Erforschungen. Die Vorlagen dazu, die Logbücher, wecken in ihrer tabellarischen Form durchaus Assoziationen zu Datenbanken. Im literarischen Kontext können sie als Vorgänger der Reiseerzählung interpretiert werden, in denen tabellarisch neben Datum, Zeit, Kompassausschlag, Wind und Geschwindigkeit auch Notizen festgehalten wurden. Diese Notizen prägten die Berichte, die erst später verfasst wurden (vgl. FULLER/JENKINS 1995: 62 f). Diese stärker strukturierten und explizit an Leser beziehungsweise Konsumenten gerichteten Berichte erfüllen nicht die Erwartungen eines heutigen Lesers: "The abstract reads, we sailed, did and saw this and this, suffered and were saved or lost, made such and such encounters with the savages, hungered, thirsted, and were storm worn, but some among us came home" (PAGE 1973: 37; zitiert nach: FULLER/JENKINS 1995: 59 f).

Erwartet man die Handlung eines konventionellen Narrativs, etwa eines Romans, wird man zwangsläufig enttäuscht werden. Auch wenn diese Texte keine Narrative im konventionellen Sinn sind, sind sie doch mehr als nüchterne Aufzeichnungen, die erst nach weiterer Bearbeitung lesbar wären – und sie waren auch durchaus großen Verkaufserfolge.

Zieht man zum Vergleich etwa klassische Jump'n'Runs heran – etwa „Super Mario Bros." (1985) und seine zahlreichen Nachfolger –, erkennt man die zentrale Bedeutung der zu durchwandernden Landschaften. Das lässt

---

[77] Ähnliche Metaphern wurden aber durchaus auch in den frühen Jahren des Films bemüht. – Vgl. etwa die „Kolumbus-Theorie" bei BÉLA BALÁZS (1972: 11).

sich einerseits schon aus den Titeln der Spiele ablesen („Super Mario Land" [1989], „Super Mario World" [1990], „Yoshi's Island" [1995])[78], andererseits erklärte ihr Designer, SHIGERU MIYAMOTO, in diversen Interviews, dass es sein Ziel war, Jugenderinnerungen an die Erkundung von Wiesen und Höhlensysteme für Stadtkinder nachvollziehbar zu machen (vgl. POOLE 2000: 176). Das Erforschen der Umgebung ist auch genau das, womit der Spieler seine Zeit verbringt. Hat man sich ins Spiel vertieft, verschwendet man keine Zeit mehr daran zu denken, dass es das unzählige Male wiederholte und sich selbst persiflierende Spielziel ist, die Prinzessin zu retten, sondern ist damit beschäftigt, das jeweilige Level zu überleben.

Auch die Spielcharaktere spielen eine andere Rolle als im gewohnten (und psychologisierenden) Narrativ. So etwas wie eine Persönlichkeit existiert nicht, stattdessen definiert sich der Charakter über Fähigkeiten wie Reichweite oder Geschwindigkeit.

Die Spielewelt ist eher dazu in der Lage, eine Atmosphäre von Schauplätzen denn eine Handlung zu vermitteln. Diese sind im Falle der Mario-Serie etwa Höhlensysteme, Wüsten oder verfluchte Häuser – Deskription also statt Narration.

Die Rahmengeschichten mit ihren oft willkürlich gewählt erscheinenden Narrativen spielen – zumindest während man in den Spielvorgang vertieft ist – keine Rolle. Die Wiederholung der selben Geschichte bis zur Selbstpersiflage ist unbedeutend. Der Spieler wird ja ohnehin vom Spiel, von den Welten und der Navigation in ihnen angezogen und nicht von der Exposition.[79] Die Handlung bleibt ein Rahmen, das Spielerlebnis selbst wird davon im besten Fall nicht eingeschränkt. Videospiele animieren zur „Konsumation" von neuen Räumen.

---

78 Teile der Serie, die nicht dieser Namenstradition folgen, sind unter anderem „Super Mario Bros." (1985) „Super Mario 64" (1996) und „Super Mario Sunshine" (2002) – wobei in letzterem Fall (der Titel spielt auf einer Südseeinsel) aber zumindest Assoziationen zu einem Ort geweckt werden dürften.

79 Wie bereits angemerkt, gibt jedoch sehr wohl Spiele, die aufgrund ihrer Story erfolgreich wurden. Als Beispiele mögen hier nur „Final Fantasy VII" (1997) und „Metal Gear Solid 2" (2001) wiederholt werden. Selbst in diesen Fällen herrscht aber ein klarer Split zwischen konfigurativem Spielerlebnis und Konsumation der Narration.

10.4 Raum und Narrative

Eine ähnliche Motivation hatten auch die Leser von Neue-Welt-Narrativen.[80] In diesen Kontext passt auch MICHEL DE CERTEAUs Beschäftigung mit dem Neue-Welt-Diskurs (1986) und mit dem Konsum in der gegenwärtigen Kultur (1984/1988). Für DE CERTEAU sind räumliche Beziehungen das grundlegende Organisationskriterium aller Narrative: „jeder Bericht ist ein Reisebericht – ein Umgang mit dem Raum" (DE CERTEAU 1988: 216). Nach DE CERTEAU kann das menschliche kulturelle Verlangen nach Texten mit der Suche nach glaubhaften, erinnernswerten und primitiven Räumen verknüpft werden. Geschichten werden erzählt, um den Besitz von oder das Verlangen nach Territorium darzustellen.

DE CERTEAU liefert Erklärungen für eine ganze Reihe von Textarten, die und deren Erfolg mit herkömmlichen Begriffen wie Plot oder Psychologisierung kaum erklärt werden können. Die Entstehung von Sciencefiction etwa – ab dem späten 19. Jahrhundert – lässt sich in diesem Zusammenhang verstehen.[81] JULES VERNE beispielsweise lehnt seine Werke an eine jahrhundertealte Tradition von Reisebeschreibungen an, imaginiert dabei aber unbekannte Räume, wie das Erdinnere, die Tiefsee oder das Weltall (vgl. FULLER/JENKINS 1995: 65).

Sciencefiction-Autoren bedienten sich regelmäßig eines „statischen Plots" um einfach eine andere Welt beschreiben zu können.[82] Die frühen Pulp-Magazine wie „Amazing Stories" sind voll mit Reisen über die unkartographierte Wildnis fremder Planeten. Plot und Charakterentwicklung nahmen in diesem Genre erst spät einen bedeutenden Platz ein. Vielmehr ging es um Orte, „die nie ein Mensch zuvor gesehen hat".

Ähnliches kann natürlich auch vom Fantasy-Roman behauptet werden. J. R. R. TOLKIEN und seine Welt Mittelerde ist ein ausgezeichnetes Beispiel dafür, dass hier neben einer narrativen Seite oft auch eine enzyklopädische eine bedeutende Rolle spielt.[83] Das Kartenwerk, eine fiktive Historie und

---

80 Ähnliches gilt für die Leser von Fantasy-Romanen und diversen Sciencefiction-Subgenres. Darauf wird im Folgenden noch eingegangen werden.

81 Interessanterweise wurden diese Texte ungefähr zu einem Zeitpunkt populär, als die letzten weißen Flecken von den Landkarten verschwanden.

82 Als Beispiel mag das Narrativ rund um einen Zeitreisenden, den es aus der Gegenwart in die Zukunft verschlägt, gelten.

83 Die Weltkarte im Fantasy-Roman scheint zumindest die gleiche Bedeutung zu besitzen wie der Stammbaum in den großen Familienromanen. Das kann man als Maß-

sogar eine Kunstsprache sind deutlich außerhalb der Geschichten selbst angesiedelt und tragen Aspekte einer Datenbank in sich.

Bekanntlich sind Fantasy- und Sciencefiction-Szenarien in Computerspielen außergewöhnlich häufig anzutreffen. Spannt man den Boden weiter, kann man aber auch Fahrten in Vergnügungsparks (vgl. auch BOLTER/GRUSIN 2001: 169 ff.) als räumliche Erzählungen betrachten. Die Grenzen sind fließend und es besteht wiederum die Gefahr, das Narrativ als universalistisches Erklärungsmodell einzusetzen.

10.5 Die Utopie des Cyberspace

Typisch für die 1990er war die Beschreibung einer absehbaren Entwicklung vom „flachen" Desktop zur immersiven digitalen Umgebung (vgl. etwa JOHNSON 1997: 18). Auch wenn sich viele Versprechen bezüglich virtueller Welten als übereilt herausgestellt haben, zeigt sich – nach vielen gescheiterten Experimenten – in den letzten Jahren doch eine Rückkehr des Cyberspaces auch abseits von Spielwelten. Als Beispiel mag hier nur „Second Life" (2003) angeführt werden, das an ein Spiel erinnert, und doch keines ist.[84] Gerade in diesem Kontext ist der Einfluss von Spielen auf das Interfacedesign unbestritten.

Der heute beinahe schon als Retrofuturismus durchgehende Begriff vom „Cyberspace" wurde vom Sciencefiction-Autor WILLIAM GIBSON zu Beginn der 1980er entwickelt:

> „‚Die Matrix hat ihre Wurzeln in primitiven Videospielen‘, sagte der Sprecher, ‚in frühen Computergrafikprogrammen und militärischen Experimenten mit Schädelelektronen‘. Auf dem Sony verblasste ein zweidimensionaler Weltraumkrieg hinter einem Wald mathematisch konstruierter Farne, die die räumlichen Möglichkeiten logarithmischer Spiralen demonstrierten. Stahlblaue militärische Maßangaben in Fuß glimmten auf, Versuchstiere, an Testreihen an-

---

stab für die Bedeutung von räumlichen Beziehungen bzw. Charakterbeziehungen in den beiden Textarten deuten (vgl. FULLER/JENKINS 1995: 65).

84 Die 3D-Umgebung, die es erlaubt, selbst Objekte zu erzeugen (und zu verkaufen), kann im Sinn von *paidia* verstanden werden – man besitzt einen Avatar –, bietet aber keine wie auch immer gearteten *ludus*-Regeln. Trotzdem ist es möglich, dass sich Mitspieler untereinander auf *ludus*-Regeln einigen.

10.5 Die Utopie des Cyberspace

geschlossen, Helme, die Feuerkontrollschaltungen von Panzern und Kampfflugzeugen speisten. ‚Kyberspace. Unwillkürliche Halluzination, tagtäglich erlebt von Milliarden Berechtigten in allen Ländern, von Kindern zur Veranschaulichung mathematischer Begriffe ... Grafische Wiedergabe abstrahierter Daten aus den Banken sämtlicher Computer im menschlichen System. Unvorstellbare Komplexität. Lichtzeilen, in den Nicht-Raum des Verstands gepackt, gruppierte Datenpakete. [...]'" (GIBSON 1987: 76) Tatsächlich wurde GIBSON durch die Beobachtung von Videospielern inspiriert (vgl. AARSETH 2001: 302). Er extrapolierte seine Eindrücke und stellte eine Zukunftsvision vor, in der ein den Spielen ähnlicher grafischer „Nicht-Raum" zu einem globalen Datennetzwerk gewachsen war. GIBSON schildert eine „gemeinsam halluzinierte Welt".

In der Folge wurde Cyberspace als Schlagwort benutzt, das alles und nichts bedeutet. In seiner inflationären Verwendung konnte man den Begriff eine Zeit lang beinahe schon mit dem Wort „Computeranwendungen" gleichsetzen. Die Versuche, das World Wide Web um Cyberspaces im geographischen oder topologischen Sinn (innerhalb einer euklidischen Geometrie) zu erweitern – etwa durch das Einsetzen von VRML (Virtual Reality Modelling Language) – haben sich aber nicht durchgesetzt.

Abgesehen davon, dass ein Verständnis von *Virtual Reality* in Anlehnung an MANOVICHs Simulationstheorie eine strikte Trennung – wie sie zwischen Körper und Bildschirm existiert – ablehnt, ist das Videospiel immer noch Schauplatz Nummer Eins für virtuelle Welten. Konkurrenten wie im Computer Aided Design oder im Bereich der 3D-Studios erzeugen außerhalb des Editors selbst in der Regel keine dynamischen Systeme und so können die erzeugten Inhalte der Repräsentation zugeordnet werden.

Deshalb lässt sich auch in Videospielen der Cyberspace-Begriff derzeit am besten verhandeln. Statt den Cyberspace über Datenhandschuh oder gar neuronale Interfaces zu erreichen, ist der Raum hinter die Bildschirmoberfläche gepresst.

Die Immaterialität der Räume spielt aber in jeder Konstellation von Cyberspace eine entscheidende Rolle. Die Räume existieren nur insofern, als sie aus Computerprogrammen aufgerufen werden und können daher als *ortlos* verstanden werden.

> "As cyberspaces are constructed in their entirety by ‚space makers' [...], it follows that [...] their production is not merely a process of charting geometries but involves the definition of the properties of the spaces and their impact on the objects therein." (NEWMAN 2004: 110)

Grundlegende physikalische Gesetze der „Realität" – wie etwa Schwerkraft – existieren in Cyberspaces nicht, solange sie nicht installiert werden. Spieldesign äußert sich folglich oft durch die Implementierung und die Simulation von Naturgesetzen, sei es die Fliehkraft in der Kurve einer Rennstrecke oder eisiger Untergrund in einem Jump'n'Run.

In diesem Zusammenhang kann man durchaus von *ilinx* sprechen. In gewisser Weise simulieren solche Spielelemente die kinetische Freude an Bewegung, die man sonst eher körperbetonten oder sportlichen Spielen zuschreiben würde.

Da die Naturgesetze aber erst implementiert werden müssen, besteht kein Grund, dass der Cyberspace den selben Gesetzen folgen müsste wie der „geographische" *offline*-Raum. Vielmehr sind die Gesetze flexibel und änderbar. Man kann argumentieren, dass daraus ein Teil des Vergnügens beim Videospielen entsteht. Dieses Argument lässt sich aber – lässt man *ilinx* außer Acht – auch auf Sciencefiction und Fantasy in Buch- oder Filmform anwenden. Es geht um ungewöhnliche, eventuell sogar unvorhersehbare, räumliche Regeln (vgl. NEWMAN 2004: 111).

10.6 Unrealistische Räume

Mag bisher der Eindruck entstanden sein, dass Videospiele ein einheitliches Konzept von Raum bieten, muss man dem widersprechen. In verschiedenen Spielen und Genres werden unterschiedlichste Konzepte angeboten – und auch der Grad, in welchem dem Spieler freie Bewegung erlaubt ist, unterscheidet sich drastisch, sowohl funktional als auch ästhetisch.

Eine oberflächliche Unterscheidungsachse besteht darin, ob der Spieler mit offener Landschaft – wie in den meisten Strategiespielen – konfrontiert wird oder durch eine geschlossene labyrinthartige Umgebung navigiert. Letztere findet sich in vielen klassischen Action- und Adventure-Spielen. Als Indikator, mit welchem Typ man es zu tun hat, können „Türen" (auch im weiteren Sinn) gelten, da diese ein Mittel sind, um Bewegung zu kontrollieren.[85]

---

[85] Jenseits der repräsentativen Ebene ist der Unterschied zwischen Türen und Teleportern häufig verschwindend gering.

10.6 Unrealistische Räume

Die Genregrenzen haben sich hier jedoch in den letzten Jahren verschoben. Überhaupt hat sich in Bezug auf die Raumstrukturen mehr geändert als an den zugrunde liegenden Szenarien oder der Handlungsstruktur.

„Die erfolgreichen Spiele von vor zwanzig Jahren wirken gleichermaßen absorbierend wie die Spiele heute [...]. Was sich verändert, sind die Szenengestaltung, die Landschaft und die visuellen (3D-) Effekte, die sich von Bestseller zu Bestseller ständig weiterentwickeln. Die Innovation findet in der Darstellung des Raumes statt, und die allmähliche Komplexitätszunahme in den anderen Bereichen (z. B. in der Körpersimulation) kann als Ergebnis der immer raffinierteren Raumdarstellung interpretiert werden." (AARSETh 2001: 309)

Selbst bei Spielen mit offener Struktur wird die Fortbewegung durch unüberwindbare Hindernisse wie Berge, Canyons oder Wasserflächen behindert. Dabei handelt es sich im Gegensatz zur realen Topographie jedoch um steuernde Eingriffe der Spieldesigner. „[S]o werden dennoch die Möglichkeiten für die Fortbewegung linearisiert. Das Versprechen eines zusammenhängenden Raums wird durch die strenge Topologie wieder zurückgenommen" (AARSETH 2001: 316).

Die Landschaftsformen sind auf jeden Fall „unrealistisch" – auch bei der Simulation scheinbar natürlicher Umgebung. Oft sind sie symmetrisch (um etwa Fairness im Mehrspielermodus herzustellen) und stark topologisch begrenzt. Anders gesagt: auch Umgebungen, die Texturen beziehungsweise Tapetenaufdrucke von Natur haben, sind im Computerspiel ein Bauwerk. Die dargestellten physischen Objekte sind deutlich verschieden vom realen Raum und deshalb anders zu kontrollieren.

Auch wenn Computerspiele Raum auf immer realistischere Weise darstellen, konstruieren sie doch Abweichungen von der Realität. Dadurch werden die Inhalte zwar nicht realistischer, aber sie werden spielbar. Das inkludiert solche Faktoren wie Fairness, Nachvollziehbarkeit und das Fehlen von (nicht mehr verlassbaren) Sackgassen.

Man sollte bei Videospielen nicht von einem naturalistischen Raumbegriff ausgehen. Besonders Teleporter ersetzen den oft mühsam konstruierten topologischen Realismus im Endeffekt doch durch ein in der Praxis anderes Raumkonzept. In der virtuellen Online-Umgebung von „Second Life" (2003) etwa macht es kaum Sinn, weitere Strecken über die 3D-Landschaft zu navigieren, um ein bestimmten Ort oder einen bestimmten „Mitspieler" zu erreichen. Stattdessen wählt man aus einem Menü den Ort aus und wird auf Mausklick direkt dorthin teleportiert. Dass die Navigation des Raumes aber keineswegs nebensächlich ist, beweisen die unzähligen, mit viel Mühe erstellten Bauwerke der User, deren beinahe einziger Zweck darin besteht, durchwandert zu werden.

Elemente, die eine realistische Topographie durchbrechen, tauchen aber auch in vielen *ludus*-zentrierteren Spielen auf.[86]

Zwar mag es stimmen, dass Teleportion Erforschung und Zufallsbegegnungen unwahrscheinlicher macht und dass der Rückgriff auf sie das Wissen des Users über die räumlichen Bedingungen schwächen könnte – aber gerade solche Argumente führen vor, dass es hier ein Anliegen ist, den User in ein vorgefasstes und verklärtes Bild des Cyberspace zu drängen, anstatt die Praktibilität des Konzepts zu hinterfragen.

„Die große Bedeutung des Teleporters veranlasst uns zu der Frage, ob der Fetischismus des realen Raums nicht heuchlerisch ist; wenn es tatsächlich darauf ankommt, ist die Diskontinuität der digitalen Kommunikation stärker als die Illusion des realen Raums." (AARSETH 2001: 312)

Teleporter tauchen wie erwähnt in den unterschiedlichsten „Verkleidungen" in der Mehrzahl aller Spiele auf. Auch wenn Designer streng darauf bedacht sind, einzelne Abschnitte oder Levels „topologisch korrekt" miteinander zu verbinden, so ist die Tür, der Höhleneingang oder das Rohr, durch das man einen Abschnitt verlässt, doch nichts anderes als ein Teleporter, der aber zumindest eine Illusion von Kontinuität aufrechterhält.

Spiele müssen Raum aber auch noch auf eine andere Art verhandeln als es in der Utopie eines Cyberspaces geschieht: Der Weg soll nicht möglichst einfach gestaltet werden, sondern oft möglichst kompliziert und verwirrend. Gerade deshalb gibt es auch in Videospielen gewisse Regeln, die sich durchgesetzt haben. Raum wird geformt und eingesetzt, um eine bestimmte Spielerfahrung zu vermitteln. "[S]patial representation is subordinate to gameplay" (NEWMAN 2004: 122). Die räumliche Repräsentation wird also dem Spieldesign untergeordnet. Das führt dazu, dass man Videospiele zwar als räumlich beschreiben kann, dass man sich aber gleichzeitig bewusst sein muss, wie weit sie sich von realen Topologien, realen Räumen, prinzipiell unterscheiden, um als Spielwelt zu funktionieren.[87]

---

[86] Die *warp zones* in den Mario-Spielen mögen hier als Beispiel dienen. Anstatt bekannte Levels nochmals meistern zu müssen, kann der Spieler über dieses als Röhrensystem repräsentierte Teleporternetz beliebige Spielabschnitte erreichen.

[87] Man kann freilich darüber streiten, inwiefern manche Ausprägungen „realer" Architektur ebenfalls mit der Absicht geschaffen wurden, eine Spielwelt zu erzeugen. Man bedenke etwa die psychologischen Konzeptionen, die bei der Planung einer Shopping

10.6 Unrealistische Räume

Spielewelten werden designt und konstruiert, um bestimmte Erlebnisse zu ermöglichen – und selten, um bestimmte Räume darzustellen.[88] Die Struktur des Raumes ermöglicht die Spielerfahrung.[89]

Der beschränkte Raum in „Doom" (1993) ist etwa notwendig, um Spannung zu erzeugen und aufrechtzuerhalten. Der Spieler wird gezwungen, bestimmten Routen zu folgen und auf dem Weg mit Gegnern konfrontiert zu werden. Ein zu hoher Grad an Freiheit würde es dem Spieler erlauben, den Kämpfen aus dem Weg zu gehen, oder – was für die Spielerfahrung schlimmer wäre – sie einfach zu verpassen.

Während man also durchaus Videospiele darüber definieren könnte, dass sie von räumlicher Erforschung und Orientierung handeln, muss man anmerken, dass die Freiheit des Spielers genreabhängig sehr eingeschränkt sein kann. Es handelt sich in solchen Fällen eher um die Führung durch eine Welt, denn um unbeschränkte Wahl der Richtung. Der Spieler ist eher Tourist denn Entdecker.[90]

Je nach der Art des *gameplays*, das vermittelt werden soll, schwankt der Freiheitsgrad. Das Unvermögen, einen Hügel zu besteigen, der sich durch nichts von jenem unterscheidet, der eben erklommen wurde, oder unsichtbare Wände, die der Bewegungsfreiheit ein Ende setzen, zeugen von einer schlechten Implementierung der üblichen Barrieren. Die Spielerfahrung wird in Frage gestellt und die immersive Wirkung unterbrochen. "[T]he dialogue between the player and the simulation is brought into focus again" (NEWMAN 2004: 122). Hier liegt der Fokus dann freilich nicht mehr so stark auf dem

---

Mall oder eines Vergnügungsparks eingesetzt werden (vgl. BOLTER/GRUSIN 2001: 198).

88 Tatsächlich existiert so etwas wie „Videospiel-Tourismus". Berühmte Gebäude oder Landschaften aus aller Welt werden in Videospielen nachgebaut. Dabei muss freilich eine gewisse „künstlerische Freiheit" gewahrt bleiben – oder aber es werden Sperren integriert, die verhindern, dass der Spieler das Spielfeld (begrenzt durch Speicher, Arbeitsaufwand und Gamedesign) verlässt.

89 Eine Vorgangsweise, wie Handlung für Videospiele geschrieben wird, ist *event-based plotting*: wird ein bestimmter Ort erreicht, wird die „vorgeskriptete" Handlung abgespielt. Die Herausforderung für den Spieler ist jedoch zumeist das Erreichen des Ortes.

90 Die Touristen-Metapher funktioniert auch insofern, dass ein Spieler sich im Vorhinein informieren wird, was ihn in einem Spiel erwartet, und daraufhin das Spiel wählt beziehungsweise kauft.

Räumlichen. Die Beschränkungen der Simulation werden in diesem einfach räumlich ersichtlich.

Eine weitere Unterscheidung, die man treffen sollte, ist jene zwischen der räumlichen Konstruktion und der räumlichen Erfahrung einer Spielewelt. Als Beispiel hierfür mögen Beat'em Ups wie „Virtua Fighter" (1993), „Soul Calibur" (1998) oder „Dead or Alive" (1995) gelten. In diesen Duellspielen findet das Geschehen zwar in einer detaillierten und dreidimensionalen Umgebung statt, doch kann der Spieler mit ihr nicht interagieren. Sie bleibt „Hintergrund". Die sich bekämpfenden Spielfiguren sind stets aufeinander ausgerichtet – *face-to-face*. Die Bewegung erfolgt nicht relativ zur Umgebung, sondern relativ zum Gegner. Man kann sich wegbewegen oder nähern, auch einen Ausfallschritt zur Seite wagen, hat aber kaum Einfluss, wohin man sich relativ zur Umgebung hinbegibt.

Diese Einschränkung fokusiert das Spiel auf den Hauptzweck: den Kampf. Vollkommene Freiheit der Bewegung im dreidimensionalen Raum ist in manchen Situationen verwirrend. Schließlich handelt es sich um *Spielwelten* mit einer bestimmten Zielsetzung für den Spieler und mit festgelegten Regeln. In einem Prügelspiel geht es darum, dass geprügelt wird.

Würde man die Bewegung freier gestalten, wäre der Schwerpunkt ein anderer und es würde dazu führen, dass der Spieler vom Ziel abgelenkt beziehungsweise dieses schwerer zu erreichen wäre. Versuche mit anderen Steuerungsmodellen in Prügelspielen haben gezeigt, dass es dann oft nicht mehr darum geht, wie man den Gegner trifft, sondern, ob man in der Lage ist ihn im dreidimensionalen Raum anzusteuern (vgl. NEWMAN 2004: 123).

Um den Fokus des Spiels zu straffen, wurde etwa „Virtua Fighter 2" (1994) überarbeitet. In der Version 2.1 wurde die Rückzugsgeschwindigkeit der Charaktere gedrosselt, damit der Schwerpunkt bei den (im Titel versprochenen) Kämpfen liegt und nicht bei Fluchtmanövern.

Derartige Zielsetzungen führen häufig dazu, dass ein Spiel, das für den Zuseher wie eine Reise im dreidimensionalen Raum erscheint, für den Spieler selbst durch eine gleisartige Struktur einen viel stärker vorherbestimmten Charakter hat. Es handelt sich dann quasi nicht um eine freie Entdeckungsreise, sondern um eine „Bahnfahrt" in unbekanntes Territorium.

Als extremstes Beispiel dafür mögen sogenannte *lightgun shooter* gelten. Der Spieler feuert mit einer „Lichtpistole" auf den Bildschirm und hat (infolge eines fehlenden Steuergeräts) keinerlei Kontrolle über die Route, auf der er sich bewegt.

10.6 Unrealistische Räume

In anderen Genres spielt der freie, erforschbare Raum natürlich eine größere Rolle. Ein ambivalentes Verhältnis bleibt jedoch bestehen. EUGENE JARVIS, der Entwickler von "Robotron 2084" (1982), merkt etwa an:

"You're just totally focused. A lot of times, the games are about limitations. Not only what you can do but what you can't do. Confining your world and focusing someone in that reality is really important." (HERZ 1997: 79)

Bisher beschränkten wir uns auf die Analyse der grafischen Aspekte. Videospiele beinhalten aber mehr als nur Grafik zum Vermitteln von Inhalten. Als auffälligster, weiterer Output kann naheliegenderweise der Sound bezeichnet werden. Im Hinblick auf die Konstruktion einer virtuellen Welt spielt besonders Surround-Sound eine Rolle, ermöglicht er doch außerhalb des Bildschirms liegende Teile der Welt zu vermitteln. Hört man Geräusche von hinten, wird die Umgebung größer, als es der visuelle Aspekt vermittelt. Man sollte jedoch nicht davon ausgehen, dass ein Teil der Spielewelt, der nicht einsichtig (oder einhörbar) ist, deshalb für den Spieler nicht Bestandteil der Welt ist (vgl. NEWMANN 2004: 123). Diese audiovisuellen Aspekte erschaffen also real nicht existente Umgebungen und Räume.

Wenn Raum hauptsächlich sozialer Raum ist (vgl. LEFEBVRE), könnte man ableiten, dass „Wirklichkeit [...] das Ergebnis sozialer Interaktion [ist]" (LISCHKA 2002: 118). Eine klare Unterscheidung zwischen Realität und der Wirklichkeit des Spiels wird damit brüchig. Ein entscheidender Unterschied besteht jedoch darin, dass man die eine Wirklichkeit „reseten" kann oder ganz aus ihr aussteigen, während diese beiden Optionen in der Alltagsrealität eher schwer zu bewerkstelligen sind.[91]

Nach LISCHKA sind MMORPGs „keine Flucht in die Simulation" (2002: 119), sondern „vielmehr die Flucht aus einer Repräsentation, in welcher Nähe, die erst durch die Möglichkeit von Distanz zur Nähe wird, unmöglich ist" (ebd.). Damit wandert LISCHKA auf den Spuren VILÉM FLUSSERs. Man kann also MMORPGs als „Extensionen des öffentlichen Raums" (KÜCKLICH 2002: 92) betrachten. In diesem Sinn generieren Computerspiele Raum. Vielleicht ist dies gerade Ersatz für jenen Raum, der durch „die Vernichtung von räumlicher Distanz durch andere Medien" (ebd.) verschwindet.

---

91 KÜCKLICH merkt aber richtig an, „dass die Akkumulation symbolischen Kapitals – also das Erklimmen immer neuer Hierarchiestufen – einen solchen Ausstieg tendenziell immer schwieriger macht" (2002: 92). Zumindest werden die Verluste (auch in „realer Zeit") beim Ausstieg immer größer.

Aber auch in diesem Kontext ist eine vollkommene Konzentration auf den räumlichen Aspekt hinderlich. Mindestens ebenso bedeutend ist die Konstruktion von Handlungsmöglichkeiten für den Benutzer.

Egal, worauf man sich konzentriert, man muss sich der Gefahr bewusst sein, mit einer solchen Herangehensweise Spielvorgänge als reine Ersatzhandlungen zu erklären. Selbst wenn eine solche verborgene Motivation vorliegt, bleiben Spiele komplexe, auf vielen Ebenen wirkende Systeme.

Am leichtesten lässt sich das anhand eines konkreten Spiels darstellen. Genau das wollen wir im nächsten Kapitel tun.

11 Theorie in der Praxis: „Canis Canem Edit"

Auch wenn wir im Rahmen der vorhergehenden Kapitel viele Spiele kurz angeführt haben, scheint es doch sinnvoll, die herausgearbeiteten Theoriestränge auf ein Spiel zu bündeln, um ihre Verzahnung – so eine solche gegeben ist – aufzeigen zu können.

Die Auswahl fällt dabei nicht leicht. Wir können zumindest davon ausgehen, dass Computerspiele regelmäßig neue Strukturen der Interaktion schaffen (vgl. FRIEDMAN 1999a) – beziehungsweise sogar davon, dass jedes neue Spiel als neues Medium verstanden werden kann (vgl. AARSETH 1999: 32 f.).

In diesem Zusammenhang ist ein Dogma der sich auf MCLUHAN berufenden Medienwissenschaft zu hinterfragen. Wenn das Medium die *message* ist, aber jedes Videospiel für sich ein Medium darstellt, wie kann man dann Inhalt und Medium voneinander trennen? Eine naheliegende Antwort wäre eine Trennung anhand der Linie „Spiel als Medium" und „Spiel als zu interpretierender Text". Dieser prinzipielle Ansatz muss aber – will man Remedialisierung thematisieren – in gewisser Weise trotzdem unterlaufen werden.

Abgesehen davon ist die Entscheidung für ein bestimmtes Spiel auch vom „geschichtlichen" Standpunkt aus zu hinterfragen. Es wäre leicht, einen viel zitierten „Klassiker" auszuwählen. Dabei würde jedoch die Entwicklung der letzten Jahre negiert. Und schließlich liegt die Versuchung nahe, ein Spiel zu wählen, das sich als besonders innovativ gibt oder gar auf den Diskurs der Game Studies Bezug nimmt. Dies wäre zwar aus subjektiver Sicht reizvoll, aber nicht gerade ein „Ausbruch aus dem Elfenbeinturm". Man hätte es mehr oder weniger mit *selffulfilling prophecies* zu tun.

Aus all diesen Gründen fiel die Wahl auf „Canis Canem Edit" (*Rockstar* 2006) – einen aktuellen Videospieltitel, der verschiedenste Kategorien abdeckt und dem kontemporären und populären Genre der *sandbox games* entstammt.

11.1 Videospielgeschichtliche Verortung

Das 1998 gegründete Unternehmen *Rockstar Games* präsentierte von Anfang an eine stärker als gewohnt popkulturell geprägt Positionierung ihrer Videospiele. Auch wenn *Rockstar* nicht die ersten und einzigen waren, die eine solche Strategie anwendeten, kann man doch anhand von Verkaufszahlen darauf schließen, dass *Rockstar* mit dieser Herangehensweise besonders erfolgreich ist (vgl. VIEHMANN 2001: 87).

Dennoch ist nicht so sehr die Remedialisierung popkultureller Inhalte ausschlaggebend für den Erfolg, sondern die dem Spieler gewährte Freiheit.

Paradebeispiel und Zugpferd von *Rockstar* ist dabei die „GTA"-Serie („Grand Theft Auto" 1–3; „GTA: Vice City"; „GTA: San Andreas" [1998–2004]). Der Spieler übernimmt in allen diesen Videospielen die Rolle eines Kleinkriminellen, der auf eigene Faust durch virtuelle Städte streift. Es gibt dabei kaum Beschränkungen in der Bewegungsfreiheit. Dadurch kann man die Spiele dem *sandbox*-Genre zuordnen.

In dieser Serie werden dem Spieler verschiedene Spielelemente zur Verfügung gestellt – es bleibt jedoch ihm selbst überlassen ist, was er damit anfängt. Dem Spieler wird dadurch der Eindruck vermittelt, es stehe ihm frei, was er tun wolle. Zumindest kann er sich ohne vorgegebene Pfade durch die virtuelle Umgebung – hauptsächlich Städte – bewegen. Simulierter Straßenverkehr aus unzähligen verschiedenen Fahrzeugen und Passanten und die statische, aber detaillierte Architektur der fiktiven Städte bilden die zentralen Gestaltungselemente der Umgebung.

Der Spieler hat die Möglichkeit, mit all diesen Elementen zu interagieren. Er kann seine Spielfigur etwa dazu einsetzen, jedes beliebige Fahrzeug stehlen (indem er den Fahrer aus dem Gefährt wirft) und diverse Waffen zu benutzen. Im Falle von gewalttätigem Handeln des Spielercharakters, wird eine virtuelle Polizeiflotte auf den Avatar losgelassen, mit der er sich Autoverfolgungsjagden und Gefechte liefern kann.

Gebäude sind in der Regel jedoch nicht betretbar. Ein Großteil des Spielgeschehens findet unter dem virtuellen, freien Himmel statt.

Währen die ersten beiden Teile noch aus der Vogelperspektive erkundet wurden, erfolgte mit „GTA 3" (2002) der Umstieg auf 3D und der große finanzielle Durchbruch. „Canis Canem Edit" (2006) übernimmt das Grundprinzip der „GTA"-Reihe und deren Interface und setzt es in einen anderen

11.1 Videospielgeschichtliche Verortung

Kontext. „Canis Canem Edit" – in den USA unter dem Titel „Bully" veröffentlicht – baut auf dem spielerischen Hintergrund der „GTA"-Serie auf, spielt jedoch vor einem anderen Hintergrund und reduziert in Folge die Betonung auf Fahrzeuge.

11.2 Der noetische oder „interpretative" Hintergrund

"You're Jimmy Hopkins, a 15-year old boy whose been dropped off at private school by a mother on her way to her fifth honeymoon. Jimmy cannot believe the amount of corruption and bullying going on at Bullworth Academy. The principal turns a blind eye to the students' affairs, but Jimmy makes a personal crusade to take over the school, one faction at a time, and set things right." (BOGENN 2006: 10)

Abb. 15 JIMMY HOPKINS in „Canis Canem Edit" (2006)

„Canis Canem Edit" handelt von einem (Schul-) Jahr im Leben eines vorgegebenen Charakters: JIMMY HOPKINS. Das Spiel setzt in jenem Moment ein, in dem JIMMY HOPKINS vor der Schule abgeliefert wird. Im Verlauf des Spieles muss man sich mit dem Lehrpersonal und diversen Schülercliquen – *„factions"* genannt –, die teils auch als Subkulturen identifiziert werden können, auseinandersetzen. Ob Nerds, Jocks, Preps, Greaser und Bullies ihren Ursprung und vor allem die ihnen zugeschriebenen Eigenschaften aus der „Realität" oder der medialen Umarbeitung dieser haben, lässt sich nach vielen Jahren der gegenseitigen Wechselwirkung, Befruchtung und Bezugnahme nicht mehr klar feststellen.

Den Großteil der Zeit verbringt der Spieler damit, sich frei über das Schulgelände und die nahe Stadt zu bewegen und mit der Umgebung zu interagieren. Auf einer kleinen Übersichtskarte der Umgebung im rechten oberen Eck des Bildschirms – auch Radar genannt – werden spielrelevante Orte als kleine Icons eingeblendet.

Begibt man sich an einen solchen Ort, bekommt man in der Regel eine Aufgabe oder Mission, die man erledigen kann, aber nicht muss. Missionen stellen in kurzen, ein- bis zweiminütigen Einführungssequenzen – mit filmischen Mitteln gestaltet und selbstablaufend, jedoch mit derselben Grafik-Engine in Echtzeit berechnet wie der Rest des Spieles – neue Charaktere und Orte vor. Das tatsächliche Missionsziel wird jedoch erst nach dieser Sequenz mit ein oder zwei Zeilen Text explizit dargestellt.

Entsprechend der getätigten Handlungen in den unterschiedlichen Missionen ändert sich der prozentuell ausgedrückte Respektstand in Bezug auf die unterschiedlichen Gruppierungen.

11.2 Der noetische oder „interpretative" Hintergrund

CANIS CANEM EDIT
SCHULISCHES ZUSAMMENLEBEN

Für unsere Schüler ist es von größter Wichtigkeit, dass sie sich auf dem Schulgelände auskennen und genau wissen, wann sie wo zu erscheinen haben. Müßiggang und Faulenzerei werden in Bullworth nicht geduldet.

SPIELBILDSCHIRM

1. **Uhr:** Die Uhr wird eingeblendet, wenn die Zeit für Jimmy eine entscheidende Rolle spielt.

2. **Objekt:** Hier wird Jimmys ausgewählter Gegenstand angezeigt. Mit der R2-Taste und der L2-Taste kann Jimmy seine verfügbaren Objekte durchschalten. Drückt Jimmy beide Tasten gleichzeitig, wird umgehend sein Skateboard ausgewählt.

3. **Interaktion:** Mit der L1-Taste wird das Menü für soziale Interaktionen aufgerufen. Dieses enthält alle, in der jeweiligen Situation verfügbaren, Interaktionsmöglichkeiten.

4. **Karte und Statusfenster:** Die Karte ist Jimmys wichtigstes Navigationsmittel. Jimmy selbst befindet sich in der Mitte der Karte. Diese dreht sich, um seine Bewegungsrichtung (nach oben) anzuzeigen.

   A. **Gesundheitsleiste:** Diese Leiste zeigt Jimmys Gesundheit an. Diese kann mit einem Getränk aus einem der zahlreichen Getränkeautomaten verbessert werden.

   B. **Ärgeranzeige:** Bei Verstößen gegen die Schulordnung färbt sich diese Anzeige zunächst gelb, dann orange und schließlich rot. Je weiter sich die Anzeige füllt, desto aufmerksamer verfolgen Respektspersonen Jimmys Verhalten.

Abb. 16 Interface und Radar im Handbuch zu „Canis Canem Edit"

Abgesehen von diesem Hauptstrang des Spieles gibt es immer wieder die Möglichkeit, an diversen „Mini-Spiele" wie Radrennen, unterschiedlichen Arcadeautomaten und einer ganzen Reihe von Geschicklichkeitstests im Bereich eines virtuellen Jahrmarkts, den der Spieler besuchen kann, teilzunehmen. Dafür muss der Spielcharakter nur zu den Repräsentaten dieser Spielgeräte in der Welt rund um die „Bullworth Academy" gesteuert werden.

Abb. 17
Übersichtskarte zum Spielareal – Schulgelände und Stadt – in „Canis Canem Edit"

11.3 CAILLOIS' Begrifflichkeit in „Canis Canem Edit"

Wie wir uns erinnern, prägte CAILLOIS zwei Konzepte in Bezug auf Spiele: jenes von *agôn*, *alea*, *mimicry* und *ilinx* und die Unterscheidung in *paidia* und *ludus*.

In „Canis Canem Edit" finden alle sechs Begriffe ihren Platz. Die oft gelobte Freiheit in der virtuellen Welt von „GTA" und „Canis Canem Edit" entsteht dadurch, dass ein Spielraum geschaffen wird, in dem keine Beschränkung des Spielers auf die direkte Umsetzung von *ludus*-Siegesbedingungen beziehungsweise -Regeln vorliegt. Der Spieler kann so lange einfach herumlaufen und mit der Umgebung interagieren, wie er möchte. Gleichzeitig sind zu Beginn aber noch nicht alle potenziellen Spielelemente eingeführt und verfügbar. Dies ist in dem Sinn nützlich, dass eine sequenzielle Einführung von Spielelementen zu einer sanft ansteigenden Lernkurve führt. Um diese Elemente zu erreichen, muss der Spieler jedoch bereit sein, sich Teilbereichen des Spiels zu überantworten, in denen sehr wohl *ludus*-Regeln gelten.

Die Navigation innerhalb des Spiels erfolgt über die in 3D dargestellte Umgebung, in der man den eigenen Spielcharakter von hinten sieht. Bekannt ist eine solche Perspektive aus „GTA 3" (2001), wurde aber spätestens seit „Tomb Raider" (1996) regelmäßig eingesetzt.

Eine solche Perspektive, die den Spielercharakter immer auf dem Bildschirm zeigt, macht dessen Aussehen bewusst, während eine Ego-Perspektive es dem Spieler überlässt, einen Charakter zu imaginieren oder eben nicht.

Neben der 3D-Perspektive, die einen Großteil des verfügbaren Platzes am Bildschirm einnimmt, ist auch ein kleiner Kartenausschnitt – der Radar – eingeblendet. Auf diesen kann man nicht nur die Umgebung des Helden und seine Relation zu den (virtuellen) Himmelsrichtungen jederzeit überprüfen, sondern es werden auch Icons für potenzielle Gefahren, wichtige Orte und „Missionsmarker" angezeigt (vgl. Abb. 16).

Erreicht man den Ort eines Missionsmarkers, besteht die Option, eine Mission zu starten. Diese besitzt ein genau vorgegebenes Ziel, also *ludus*-Regeln. Zumeist muss innerhalb eines bestimmten Zeitlimits eine Aufgabe erledigt werden: zum Beispiel einen Gegenstand erobern und zum Auftragsgeber bringen, oder etwa bestimmte Gegner besiegen.

Abb. 18
cut scene aus
„Canis Canem Edit"

Die Missionen werden dabei mit kurzen selbstablaufenden Filmen beziehungsweise Animationen – *cut scenes* – eingeleitet, die einerseits die Charaktere einführen, die in der Mission eine Rolle spielen, oder durch neue Facetten die Persönlichkeit bereits bekannter Charaktere vertiefen und gleichzeitig die Regeln der Mission erläutern. Die ein- bis zweiminütigen Filme richten sich dabei nach den Konventionen des kommerziellen Kinos. Sie arbeiten etwa mit unterschiedlichen Perspektiven und Schnitten. Diese Techniken werden im Spiel selbst nicht eingesetzt. Dort folgt die Kamera immer dem Avatar – es sei denn, der Spieler entscheidet sich, die Perspektive manuell zu ändern. Erledigt der Spieler die Mission, werden weitere Missionen freigeschaltet, die wiederum neue Spielelemente und Charaktere einführen.

Abb. 19
Typische Steuerungsperspektive in „Canis Canem Edit"

11.3 CAILLOIS' Begrifflichkeit in „Canis Canem Edit"

Demzufolge ist es im Interesse des Spielers, die Missionen zu erfüllen, selbst wenn er nur am *paidia*-Element von „Canis Canem Edit" interessiert ist. Durch die Kürze der Missionen entsteht kaum das Gefühl, dass Spielelemente aufgedrängt werden würden.

Die Missionen verschmelzen zudem mit der frei navigierbaren Umgebung. Selbst innerhalb der Mission ist es möglich, weiterhin frei zu interagieren. Scheitert die Mission – etwa, weil man sie aus den Augen verliert, um anderen Zielen nachzugehen –, wird das am Bildschirm angezeigt, der Spielverlauf selbst wird jedoch nicht unterbrochen. Durch Rückkehr zum Missionsmarker kann die Mission ein weiteres Mal begonnen werden. Dabei wird das Kausalitätsprinzip innerhalb der Spielwelt aufgelöst, weil ein früheres Scheitern nicht behandelt wird. Jeder neue Versuch einer Mission läuft so ab, als wäre man das erste Mal angetreten. Das betrifft sowohl den „Einleitungsfilm" als auch die Reaktion der Charaktere.

Dieser Spielmechanismus kann durchaus mit den klassisch vorhandenen drei Leben in frühen Spielen verglichen werden, auch wenn man in „Canis Canem Edit" unendlich viele Versuche besitzt. Das Scheitern fließt nicht in das (rückblickende) Narrativ des Spiels ein.

Eine Mission wird ebenfalls abgebrochen, wenn HOPKINS bewusstlos wird, etwa in Prügeleien oder bei Stürzen. Die Kontinuität des Spielercharakters selbst wird dabei nie in Frage gestellt, da man nicht sterben kann, sondern im schlimmsten Fall auf einer Krankenstation wieder aufwacht.

Sowohl im *paidia*- als auch im *ludus*-Bereich des Spiels treten *agôn*, *alea*, *mimicry* und *ilinx* auf. Ersteres scheint in Einspieler-Videospielen ein wenig problematisch zu sein – geht es doch darum, sich mit Mitspielern zu messen. Abgesehen davon, dass ein Spiel als Gesamtwerk eine Herausforderung darstellt, die man bezwingen kann oder eben nicht, und dass man sich im Vergleich zur Leistung anderer Spieler, die ebenfalls alleine spielen, messen kann,[92] stellt „Canis Canem Edit" bei vielen *ludus*-Missionen virtuelle Wettstreiter zur Verfügung. So werden etwa Radrennen gegen computergesteuerte Charaktere ausgetragen und in einem Boxkampf ist die antagonistische Rolle des Computergegners auf den ersten Blick verständlich.

---

[92] *Microsofts* „Xbox Live"-Online-Service strukturiert einen solchen Vergleich, indem die Fortschritte anderer Spieler betrachtet werden können. Eine klassische Methode, die unabhängig und allein aufgestellten Leistungen zu vergleichen, ist die High-Score-Liste.

Die Rollle von *alea* in seiner reinen Form ist dagegen – wie schon bei klassischen Spielen – schwerer einzuordnen. Ein rein zufallsgesteuerter Teilbereich des Spiels würde dem Spieler die Kontrolle entziehen und dadurch störend wirken. Es ist jedoch anzumerken, dass die Simulation künstlicher Intelligenz in der Regel Zufallsvariabeln einsetzt, um ihre Algorithmen abwechslungsreicher zu gestalten beziehungsweise bei einer ähnlichen Ausgangssituation zu variabeln Ereignissen zu kommen.

Tatsächlich existiert aber zumindest ein Minispiel, in dem man auf boxende Zwerge wetten kann. Da der Spieler keinerlei Informationen darüber besitzt, welcher der beiden Kontrahenten stärker sein könnte, tritt hier *alea* in Reinform auf.

Mimicry als Element bleibt dem Spieler überlassen. Durch das Bereitstellen einer kontextualisierenden Umgebung und eines Spielcharakters, der einen Namen und eine Identität trägt, wird jedoch das Spielen einer bestimmten Rolle nahegelegt. Notwendig ist es nicht. Selbst wenn der Spieler sich mit den vorgegebenen Charakterzügen JIMMY HOPKINS' identifizieren sollte, ist nicht zu erwarten, dass er die gesamte Zeit, die er im Spiel verbringt, eine einheitliche Rolle übernimmt – auch was die Interaktion mit den computergesteuerten Charakteren angeht.

Unterschiedliche Missionen fordern unterschiedliche Rollen der Nichtspielercharakter. Die gleichen Charaktere treten manchmal als Unterstützer, manchmal als Antagonisten auf. Dies wird zwar ansatzweise psychologisch erklärt, doch hat eine zügige Spielbarkeit eindeutig den Vorrang gegenüber psychologisch schlüssigen Charakteren.

In gewissen Rahmen – unterbrochen von den Vorgaben in den *cut scenes* – bleibt es dem Spieler selbst überlassen, JIMMY HOPKINS' Persönlichkeit auszugestalten.

Ilinx schließlich spielt eine klare Rolle. Da Raum eine zentrale Rolle in Videospielen spielt, kommt der Bewegung durch denselben selbstverständlich ebenfalls eine große Bedeutung zu. Neben diversen Rennmissionen – Fahrrad- und Go-Kart-Rennen etwa – stehen sogar selbstablaufende Fahrtsequenzen aus der Ego-Perspektive zu Verfügung. Als Beispiel dafür mag die Achterbahnfahrt gelten, die der Spieler selbst nicht kontrollieren kann und deren Wirkung rein auf der Bewegung der virtuellen Kamera basiert.

Als weiterer Aspekt von *ilinx* können diverse über die Spielwelt verteilte Schanzen gelten, die mit Skateboard oder Fahrrad überwunden werden können und – abgesehen vom Gefühl, eine athletische Leistung vollbracht zu haben – nicht innerhalb des Spiels bewertet werden.

11.4 Ergodische Realitäten und narrative Strukturen

Wie bereits angemerkt, lässt sich der Erfolg vieler *Rockstar*-Spiele auf ihre Struktur zurückführen. Diese ist in Vergleich zu vielen anderen Computerspielen vergleichsweise offen.

Eine Interaktivitätskritik im Sinne von MANOVICH (vgl. Kapitel 7.1) wird in „Canis Canem Edit" dadurch hinfällig, dass es eben keine diskreten und vorgegebenen Schritte gibt, die noetische Vorgänge kanalisieren könnten. In diesem Kontext beweisen sich die groben Mängel eines Gleichsetzens verschiedener Ausprägungsformen der „Neuen Medien". Auch wenn „Canis Canem Edit" ein Videospiel ist, hat es doch kaum etwas mit der Struktur eines Hypertextes gemeinsam. Nichtsdestotrotz kann man die Missionsmarker, die den Beginn einer vorgefertigten Struktur im Spielekosmos rund um die „Bullworth Academy" durchaus mit einer Linkstruktur vergleichen. Abstrahiert man den Spielercharakter zu einem reinen Icon, wird ein Erzähl- und *ludus*-Strang tatsächlich durch Anmanövrieren und Anklicken – man betätigt eine Taste, wenn man auf dem Missionsmarker steht, um die Mission zu starten – aktiviert.[93]

Die Missionsauswahl stellt aber nur eine der trivialsten Herausforderungen dar. Im restlichen Spiel sind Vergleiche zum Hypertext kaum angebracht. Gleichzeitig lassen sich aber in der überschaubaren Anzahl der „Missionslinks" am ehesten klassisch narrative Strukturen finden.

Betrachtet man Narrative als eine Reihe von Ereignissen, bietet „Canis Canem Edit" zwei prinzipiell als narrativ auslegbare Strukturen.

Die erste und eindeutigste Struktur ist sicher jene der *cut scenes*. Wie bereits erklärt, werden Charaktere durch kurze vorgefertigte Szenen eingeführt. Es ist hauptsächlich den *cut scenes* zu verdanken, dass einzelne Nichtspielerfiguren als Individuen wahrgenommen werden. Dass liegt zum Teil daran, dass hauptsächlich hier *close ups* vorkommen (und auch für längere Zeit stabil bleiben) und die Gesichter der Figuren so besser erkennbar werden.

---

93 In diesem Fall spielt jedoch nicht die Problemlosigkeit des Aktivierens (wie am Desktop) die entscheidende Rolle, sondern die Navigation soll anhand einer komplexen Topologie erschwert werden. Dies ist ein entscheidendes Element aller Videospiele.

Zusätzlich ist dem Spieler bewusst, dass er Zeit hat, diese Details zu beachten, wenn es sich um eine *cut scene* handelt. Zwar mögen auch während einer Schulhofprügelei die Charaktere groß ins Bild zoomen, es besteht für den agierenden Spieler jedoch keine Zeit, Details wahrzunehmen, weil seine Konzentration auf anderen Aspekten – eben den konfigurativen – liegt.

Abb. 20
Zoomperspektive während einer Prügelei in „Canis Canem Edit"

Einen unterschiedlichen Ansatz dazu bietet das Sportboxen im Ring, das als Mini-Game angeboten wird. Dieses findet aus der Ego-Perspektive statt. Der Spieler sieht nur die Vorderarme und Boxhandschuhe von JIMMY HOPKINS ins Bild ragen. Gleichzeitig wird das Gesicht des Gegners groß gefeaturet. Weil ein Boxkampf viele passive Elemente in sich trägt – etwa Warten auf den Schlag des Gegners, um diesen zu blocken – bekommt hierbei das Gesicht des Gegenübers mehr Aufmerksamkeit vom Spieler. Emotionale Inhalte – abgesehen von einer humorvollen und klischeehaften Überzeichnung – werden in der Mimik jedoch nicht geboten. Die interpretative Tätigkeit des Spielers hat immer noch eine Nische innerhalb des Spielvorgangs zu finden.[94]

Während das Spiel hauptsächlich auf der visuellen Ebene wahrgenommen wird – zumindest erfolgt ein Großteil des Inputs, auf den der Spieler rea-

---

[94] Hier entsteht der starke Eindruck, dass ebenso wie langsame Filmsequenzen den Zuseher nachdenken lassen, langsamere beziehungsweise passivere Spielsequenzen dem Spieler mehr Zeit zum „Lesen" geben. Man muss also nicht von einem Entweder-Oder beziehungsweise von einem für ein gesamtes Produkt festgelegten Verhältnis von Narrativ und Spiel ausgehen, sondern kann dies sehr wohl als Spieldesigner bewusst für verschiedene „Spielszenen" variieren.

11.4 Ergodische Realitäten und narrative Strukturen

gieren muss, direkt über den Bildschirm –, bleibt der Gehörsinn „frei". Über die Audiospur wird zum Großteil redundate – also nicht für den Spielerfolg maßgebliche – Information an den Spieler weitergegeben. So hört man bei den „Reisen" über das Schulgelände beinahe durchgehend die Konversationen herumstehender Schüler. Diese beschränken sich in der Regel auf kürzere Sätze, die ironisierend mit den Klischees der verschiedenen Cliquen spielen. Trotzdem ist es sehr motivierend zu „lauschen". Dieser Aspekt von „Canis Canem Edit" kann als rein interpretativ identifiziert werden. Weil er nicht vom Spiel an sich ablenkt oder es unterbricht, stört dieses Element nicht im Geringsten, sondern bereichert die Spielerfahrung.

Ein weiterer interpretativer Aspekt der Aneignung der Spielewelt – in diesem Fall als Text in seiner weit gefassten Bedeutung – besteht durch die Verwendung einer virtuellen Fotokamera. Neben der Möglichkeit, jederzeit Fotos zu schießen und diese abzuspeichern – eine Möglichkeit also, eine eigene „Geschichte" zu schreiben –, wird man im Rahmen der Fotoklasse immer wieder in die Spielwelt hinausgeschickt, um bestimmte Ziele auf Fotos festzuhalten.

Dabei handelt es sich zum Beispiel um Sehenswürdigkeiten, Obdachlose in einem armen Stadtviertel oder „Freaks" im Zirkus. Mit einem solchen Auftrag ausgestattet, setzt sich der Spieler mit gewissen Elementen der virtuellen Umgebung auseinander. Der Auftrag zum Fotografieren ist einerseits (zynischer) Kommentar, andererseits werden durch die Festlegung von Zielen Fixpunkte – quasi ein kanonischer Rahmen – für die Betrachtung der Spielewelt geschaffen. Interessanterweise sind es gerade die „Fotomissionen", die ein Verhältnis des Spielers zur Welt provozieren – gerade deshalb, weil Details wie das Rathaus oder ein Staudamm durch die Kameraführung, die sonst immer auf JIMMY HOPKINS zentriert ist, für einen kurzen Moment ins Zentrum rücken.

11.5 Remedialisierung und Transmedialität

Ein Versprechen vieler Spiele von *Rockstar* scheint es zu sein, Inhalte, die man in anderen Medien nur konsumieren kann, für den Spieler selbst erlebbar zu machen.

Auch „Canis Canem Edit" definiert sich in einem großen Rahmen durch Remedialisierung. Diese ist jedoch nicht auf die von BOLTER und GRUSIN (2001) beschriebenen massenmedialen Inhalte beschränkt. So nimmt die Remedialisierung eines Jahrmarktes einen großen Stellenwert ein. Dieser inkludiert neben diversen Spielen – Kraftproben, Go-Kart-Rennen, Schiessbuden und ähnlichem (also eindeutig nicht remedialisierten Filmen oder Texten) – auch Elemente, die kaum spielerisch gedeutet werden können. Als Beispiel dafür mögen eine nicht-interaktive Achterbahnfahrt oder vorgefertigte „Weissagungen" aus einem Wahrsageautomaten dienen.

Abb. 21
Virtueller Arcade-Automat in „Canis Canem Edit"

Darüber hinaus werden Arcadespiele, die überall in der virtuellen Welt verteilt sind, remedialisiert – und zwar in ihrer Gesamtheit, inklusive Gehäuse und typischem Standort innerhalb des sozialen Raums. Dabei geht „Canis Canem Edit" an einer Stelle – dem Spielautomaten „ConSumo" im Keller eines Comicladens – noch einen Schritt weiter. Zu dem Zeitpunkt, wenn dieses Spiel im Rahmen einer Mission bis zu einem gewissen Punktestand bezwungen werden muss, wird durch Kommentare der zusehenden computergesteuerten Spielcharaktere, die die Leistungen des Spiels positiv oder negativ kommentieren, der typische soziale Rahmen der *arcades* nachgestellt.

Desweiteren existiert aber auch ein großer Anteil an massenmedialer Remedialisierung. „Canis Canem Edit" wird von den Machern vor dem Hin-

11.5 Remedialisierung und Transmedialität

tergrund von 1980er-Teen-Filmen von JOHN HUGHES gedeutet.[95] Damit stellen sie sich deutlich außerhalb des von radikalen Ludologen vorgegebenen Rahmens.

Neben dieser stark prägenden filmischen Bezugnahme existiert auch eine Ebene, auf der andere Videospiele nachgeahmt werden. Neben der historischen Bezugsnahme im Rahmen eines Genres – *sandbox games* haben sich aus einer bestimmten Tradition entwickelt – spielt dabei auch eine Bezugnahme auf den massenmedialen Diskurs über die skandalösen (weil gewalttätig oder sexuelle Inhalte transportierenden) Spiele von *Rockstar* eine Rolle.

Auch die Zuordnung der verschiedenen Cliquen kann im Rahmen von Remedialisierung verstanden werden. Dabei sind die Grenzen zwischen Identifikation im wirklichen Leben und klischeehafter Darstellung im Film oder aber im Spiel fließend.

Aber auch die Übergänge zwischen Remedialisierung und Transmedialität scheinen im Bezug auf das Spiel fließend zu sein. Ein narratives Konzept von Transmedialität lässt sich in „Canis Canem Edit" dadurch hinterfragen, ob man die „Geschichte" des Spiels in einem anderen Medium wiedergeben kann. Nachdem die Geschichte in den *cut scenes* offensichtlich Narrativen – den HUGHES-Filmen – entlehnt ist, sollte ein Umkehrschritt ebenfalls möglich. Die Story, die dem Spieler in *cut scenes* vorgegeben ist, lässt sich sicherlich auch in Romanform oder als Film umsetzen. Das Handeln des Spielers selbst wäre aber bei weitem zu repetitiv, um einen „Leser" zu fesseln. Hier wird die Diskrepanz zwischen Spiel und Geschichte deutlich. Diese lässt sich aber recht simpel an den unterschiedlichen Benutzungsformen festmachen.

Legt man eine Theorie zu Grunde, die zwischen Narrativ als Fortschreiten einer Handlung und Deskription unterscheidet, fällt auf, dass es Entscheidung des Spielers ist, inwiefern er sich auf grafische „Beschreibungen" – also hauptsächlich auf Texturen[96] – einlässt und wie sehr er einen (vorgegebenen) Plot in den Vordergrund stellt. Das liegt am für Computerspiele

---

95 "We wanted this to feel like a JOHN HUGHES movie" (KUCHERA 2006). Als prägende Filme werden etwa „Sixteen Candles" (1984) und „The Breakfast Club" (1985) angeführt.

96 Texturen sind tapetenähnlich auf den zu Grunde liegenden geometrischen Formen (Polygonen) abgelagerte Bilder, die Computergrafik mit unzähligen Details ausstatten ohne zu viel Rechenleistung zu verwenden. Sie sind *bitmaps* und daher in ihrer klassischen Form zweidimensional.

typischen datenbankähnlichen Format, in dem diese „überflüssigen" Informationen abgelegt sind. Es ist etwa dem Spieler überlassen, ob er sich ansehen will, wie es hinter den Wohnheimen aussieht und welche Gegenstände irgendwo am Boden liegen.[97]

Nach dem narrativen Paradigma wäre diese relative freie Steuerung der beiden Modi durch den Leser eine der eigentümlichen Qualitäten des Mediums Videospiel.[98] Besonders das potenzielle Zoomen in Details zeichnet aus dieser Perspektive Videospiele aus. Diese Möglichkeit des Zoomens basiert freilich auf der stark räumlich orientierten Strukturierung.

Geht man dagegen vom Konzept der Transmedialität im Bezug auf Spiele aus, muss die Frage lauten, ob man sich „Canis Canem Edit" auch in einem anderen Medium als Spiel vorstellen kann. Neben den leicht zuzuordnenden Mini-Spielen könnten die eher simulativ orientierten Spielelemente und die Missionsstruktur im Rahmen von Pen'n'Paper-Rollenspielen gedeutet werden. Wiedererkennbare Elemente sind etwa Charakterwerte. Die Kombination innerhalb einer zeitkritischen Umgebung ist in diesem Fall das Eigentümliche des Videospiels.

Gerade im Bezug auf den alltagsnahen Hintergrund des Spiels stellt sich aber auch die Frage nach einer weiteren Ebene von Transmedialität. Auch wenn man sie eventuell nicht Medium nennen sollte, gibt es doch Integrations- und Übersetzungsversuche aus der „Realität". Dies erinnert an den Anspruch von Simulationen – im allgemeineren Kontext –, die Wirklichkeit nachzugestalten.

Abgesehen davon, wie problematisch ein solches naives Konzept von Wirklichkeit sein mag, lässt sich eine gewisse Motivation zum Spielen tatsächlich durch einen (sehr brüchigen) Anspruch von Authentizität erklären. Die simulierte Rückkehr in die Schule, die Möglichkeit zur Handlungsfreiheit – besonders die Möglichkeit all das zu tun, was man im echten Leben nicht tun darf beziehungsweise will – spielt innerhalb des Genres der *sandbox games* sicher eine entscheidende Rolle in der Spielermotivation.

---

97 Eine mögliche Fragestellung und Motivation zur Erforschung für den Spieler lautet: „Haben sich die Entwickler die Mühe gemacht, diesen schwer erreichbaren Winkel mit einer Besonderheit auszustatten?" Es ist also durchaus üblich, die Konstruktionsverhältnisse in diesem Kontext zu hinterfragen.

98 Gerade Bücher sind aber in dieser Hinsicht ebenfalls weitaus weniger linear, als man auf den ersten Blick annehmen möchte. Man bedenke nur die Techniken des Querlesens, Überblätterns oder des gezielten Lesens des Endes.

11.6 „Canis Canem Edit" als Simulationsraum

Gerade im Rahmen der Remedialisierung – und je nachdem, wie gut sie gelungen ist – wird deutlich, dass Spiele sich nicht auf ein einziges Konzept von *ludus* oder *paidia* beschränken lassen. Der soziale Rahmen mit Gratifikationen beziehungsweise Sanktionen sowie deren Auswirkungen auf das „normale" Leben spielen genauso ein Rolle – und werden in „Canis Canem Edit" ebenso simuliert – wie die Spielinhalte selbst.

Das Verhältnis zur Simulation im Sinne einer panoramatischen Apperzeption bleibt hier genauso problematisch wie bei allen Bildschirmspielen. Es ist jedoch anzumerken, dass die Entwicklung der Interfacestrukturen im Bereich der Videospiele gerade daraufhin ausgelegt ist, die Grenze zum Bildschirm brüchig erscheinen zu lassen. Über die Frage, ob der Unterschied zu einer „wirklichen" Virtual Reality – die vor einem ähnlichem Hintergrund spielt und sich einer ähnlichen Genrestruktur bedient – ein grundlegender wäre, lässt sich bei dem momentanen Stand der Technik nur mutmaßen. Eine abzweigende Entwicklung könnte erst bei der Durchsetzung einer entsprechenden Hardware beginnen.

Der didaktische Ansatz zur Simulation lässt sich hingegen durchaus eindeutig feststellen. Der Spieler lernt während des Spielvorgangs. Fragwürdig bleibt nur, inwiefern die vermittelten Positionen auf die reale Welt angewandt werden können und sollen. Hier ist der Übergang zu einer Rhetorik der Simulation fließend. Das Verinnerlichen des virtuellen Schulgeländes und der umgebenden Stadt spielt eine entscheidende Rolle im Verlauf des Spiels. Abgesehen davon, dass präsentiert wird, wie diese Umgebung – je nach Standpunkt – archetypisch oder klischeehaft aufgebaut ist, kann diese Entscheidung durchaus als Kommentar der Erschaffer verstanden werden. Als einzige Institution neben der (als restriktiv geschilderten) Schule wird eine Irrenanstalt gefeatured. Auch das soziale Gefälle, das anhand unterschiedlicher Wohngegenden und ihrer entsprechenden Bewohner dargestellt wird, kann in diesem Sinn interpretiert werden.

Da „Canis Canem Edit" versucht, den Spieler in eine authentische (und realistische) Umgebung zu versetzen, ist die Notwendigkeit, die Spielewelt ebenso zu gestalten, zentral. Nur in einigen Grenzbereichen der Karte werden starke Konzessionen daran gemacht, ein Spielfeld zu liefern, dessen Linearität und Labyrinthhaftigkeit die *suspension of disbelieve* des Spielers zerstören könnte. Nur in diesen Gebieten wird offengelegt, dass man sich nicht durch eine (Zitat-) Wirklichkeit bewegt, sondern durch ein „Spielelevel", dessen Struktur trotz naturalistischer Texturen primär der Notwendigkeit zu verdanken ist, eine Herausforderung zu bieten.[99]

Konsequenterweise sind auch die wenigen Teleporter gut als Busstationen verschleiert und nur in eine Richtung – zurück zur Schule – benutzbar. Betätigt man den Aktionsknopf an einer Busstation, wird der sofort ankommende Bus in einer *cut scene* gezeigt und wenige Sekungen „Realzeit" später befindet man sich am zentralsten Punkt des Spiels, dem Eingang zum Schulgelände.

In die *playworld* des Spieles sind unzählige *gameworlds* integriert. Das Verhältnis zwischen diesen beiden Aspekten zeigt sich sehr offen. Es ist beinahe jederzeit möglich, die strikten Regeln aufzuheben oder zumindest zu ignorieren.

Der Erforschungsaspekt spielt dagegen in „Canis Canem Edit" eher eine untergeordnete Rolle. Da die Struktur einer „realistischen" Umgebung nicht beliebig umgedeutet werden kann, liegt hier das Hauptaugenmerk eher darauf, Bezüge zu möglichen Erfahrungen der Spieler herzustellen. Orte, die relativ häufig mit starken Assoziationen verbunden sind – wie „bei den Fahrradständern" oder „auf den leeren Gängen während der Unterrichtszeit" –, weichen deutlich von einem Entdeckerdiskurs ab und bieten erwachsenen Spielern eher eine Einordnung in einem nostalgischen Kontext.

Dies reißt jedoch einen weiteren, rein interpretatorischen Aspekt auf – eine Ebene, auf der nicht Medien selbst, sondern deren Inhalte im Mittelpunkt stehen. Wie höchstwahrscheinlich ersichtlich wurde, ist die Trennung dieser beiden Ebenen sowohl theoretisch, als auch im Rahmen des konkreten Spiels nur schwer klar zu vollziehen. Das Interface ergibt sich aus dem Inhalt beziehungsweise wird für diesen angepasst. Nur an jenen Stellen, wo (manchmal auch nur für Sekundenbruchteile) kein Interface nötig ist – etwa bei Zwischensequenzen oder grafischen und Audio-Elementen ohne spielerischen Gehalt – kann tatsächlich von Inhalt im Sinne MCLUHANS gesprochen werden.

Es muss jedoch angemerkt werden, dass in diesem Kapitel an keiner Stelle die durch Zwischensequenzen und Missionsvorgaben gebildete Ge-

---

99 Dennoch ist auch an diesen Stellen die große Bedeutung von Zitaten spürbar. Hier sind es eben Zitate aus anderen Computerspielen.

11.6 „Canis Canem Edit" als Simulationsraum

schichte des Spieles „Canis Canem Edit" wiedergegeben wurde, sondern nur deren Ausgangspunkt.[100]

Während man dies als Makel des Kapitels sehen könnte, wird dadurch viel eher klar, wie vielfältig die nonnarrativen Aspekte eines Videospiels sind. Man kann sich natürlich auch Filmen ohne Berücksichtigung eines Narrativs nähern, indem man etwa *mise en scène*, Bewegungsabläufe oder *stills* analysiert. Abgesehen von einer solchen „visualistischen" Analyse eröffnet die Position des Spielers – wie in Kapitel 7 dargestellt – im Spiel aber nochmals unzählige weitere Möglichkeiten.

Damit haben wir jedoch „Canis Canem Edit" bereits wieder hinter uns gelassen und kehren zu einem Standpunkt außerhalb punktueller Beobachtung zurück.

---

100 Sie soll nur der Vollständigkeit wegen in Grundzügen an dieser Stelle in kürzest möglicher Form beschrieben werden: JIMMY HOPKINS findet nach Ankunft im Internat in GARY einen Freund. Bald stellt sich heraus, dass dieser seiner eigene Position durch den Neuankömmling gefährdet sieht und gegen diesen intrigiert. In Folge schließt JIMMY Bekanntschaft mit allen Cliquen. Diese greifen zwar alle auf seine Hilfe zurück, wenden sich im Endeffekt aber – aufgrund von GARYs Intrigen – wieder gegen JIMMY. Im Finale wird der Intrigant gestellt und besiegt. Selbst die Schulleitung steht auf JIMMYs Seite. Der zieht sich jedoch zurück und überlässt seinen potenziellen Herrschaftsanspruch einem Außenseiter, der immer zu ihm gestanden ist.

12 Zusammenhänge und Ausblick

Kehren wir aber noch einmal zu einer computerlosen Form des Spiels zurück: Wie wir bereits wiederholt festgestellt haben, gilt etwa bei Schach bereits die Form und das Material der Figuren als eine mediale Ausprägung. Weil aber erst im Computerspiel die Regeln für den Spieler selbst in den Hintergrund treten können, sind mediale Aspekte bei Computerspielen viel stärker ausgeprägt und treten vor allem offener in den Mittelpunkt. Die Regelmechanismen und -systeme werden unsichtbar und damit kann der menschliche Spieler den inkludierten medialen Repräsentationen weit mehr Aufmerksamkeit schenken.

In diesem Zusammenhang macht es durchaus Sinn, sich dem Simulationsparadigma zuzuwenden. Grundlegend dafür ist die Annahme, dass der Computer mehr als nur eine Metamedium ist. Er ist eine dynamische – eine ergodische – Maschine. Im Metamedium Computer können sich die scheinbaren Paradigmen von Repräsentation und Simulation vereinen. Beide Formen schließen sich nicht aus, sondern können Synergien bilden. In diesem Rahmen wird – wie Computerspiele beweisen – Repräsentation in die Simulation eingearbeitet.

Das Metamedium ist aus dieser Perspektive betrachtet ein Teil der simulativen Fähigkeiten des Computers. Der Computer simuliert die anderen Medien (vgl. KAY/GOLDBERG 2003: 393). Er simuliert in diesem Fall die Repräsentation. Die Verarbeitung von Spielregeln und anderer simulativer Parameter kann dagegen kaum unter die Funktion des Metamediums subsumiert werden.

Da der Computer sowohl zur Simulation als auch zur Repräsentation fähig ist, existiert ein ganzes Kontinuum von Spielen, Geschichten und unzähligen Zwischenformen. Je mehr wir uns jedoch der Geschichte nähern, desto weniger besteht die Notwendigkeit des Computers, als Rechner zu fungieren, und desto einfacher könnten wir uns auch mit primitiveren Systemen behelfen. Als bestes Beispiel dafür kann Hypertext gelten, der – wie wir in Kapitel 7 gesehen haben – kaum vom Computer abhängig ist.

Computerspiele bieten durch diese Doppelstruktur zwischen Spiel und Repräsentation in jeder Ausformung einen gewaltigen Fundus von (pop-)kulturellen Strukturen, die mit den existierenden Instrumenten der Kulturwissenschaften untersucht werden können. Nichtludische Elemente zu negieren ist wenig hilfreich, will man Computerspiele in ihrer kulturellen Funktion hinterfragen und untersuchen.

Einer ihrer Reize entsteht daraus, dass vorhandene und bekannte Inhalte von Repräsentation – natürlich oft in abgeänderter Form – „durchlebt" werden können. Aber natürlich sind neu erschaffenen Inhalte von Videospielen zumindest genauso in Bezug auf ihre noetische Interpretation interessant. Tatsache ist, dass etwa unzählige Grafiker an Videospielen werken, nicht um das Spiel als Spiel komplexer zu gestalten, sondern um es für nonergodische Aktivität ansprechender zu gestalten.

Aber auch der sogenannte Visualismus – die Betonung grafischer Strukturen in der Analyse – hat seine Berechtigung, weil grafische Elemente weniger zeitlich linear gelesen werden und deshalb besser mit den umfangreichen räumlichen Aspekten von Videospielen verschmelzen können. Hier könnte tatsächlich Bezug auf eine architektonische Tradition genommen werden.

Film ist wiederum weniger geeignet, ins Spiel integriert zu werden. Das liegt einerseits an seiner auf den ersten Blick sehr narrativen und vor allem linearen Struktur. Während das Bild zwar auch zur Repräsentation gehört, ist es zumindest nicht zeitlich gebunden. Andererseits scheinen die tatsächlich originären – nichtrepräsentativen und raumzerreißenden – Leistungen des Mediums Film – man denke nur an den Schnitt – den in Videospielen üblichen räumlichen Navigationsstrategien diametral entgegengesetzt zu sein. Folglich müssen gerade sie als mindestens genauso problematisch wie eine Verengung auf den narrativen Aspekt gelten.

Tatsächlich tragen Geschichten in Spielen durchaus eine Bedeutung. Wir haben festgestellt, dass Narrative ein Videospiel zwar nicht in dessen Essenz ausmachen, aber es oft erst als vielschichtiges Medienartefakt interessant gestalten. Die interpretative Arbeit, die dem Spieler abverlangt wird, ist analysierbar und man wird zumindest dabei die ergodischen Aspekte vernachlässigen können.

Solange der kommerzielle Computerspielmarkt von den Nachahmern weniger Bestseller dominiert wird, kann man davon ausgehen, dass der ergodische Aspekt bei unterschiedlichen Spielen ein ähnlicher bleibt und in mancherlei Hinsicht nur das *window dressing*, also die repräsentativen Elemente, einen Unterschied darstellen. In diesem Sinn sind Analysen der Ergodik zwar wichtig für eine Grundsatzbestimmung der Spiele nach Außen hin – zur Abgrenzung von anderen Disziplinen –, besitzen aber weit weniger

12 Zusammenhänge und Ausblick

Aussagekraft bei der Differenzierung unterschiedlicher Videospiele voneinander.[101]
Gleichzeitig muss jedoch angemerkt werden, dass sich in kommerzieller Hinsicht auch die präsentierten Inhalte in großen Rahmen überschneiden – so, wie das für Genreproduktionen auch in allen medialen Ausprägungen üblich scheint. An dieser Stelle könnte eine Kritik der Marktverhältnisse ansetzen, jedoch wird diese kaum Erkenntnisgewinn ermöglichen.

Im Rahmen von narratologischer Literatur- und Filmwissenschaften mag es ausreichen, ausgewählte Aspekte über Interpretation zu untersuchen, doch im Rahmen einer medientheoretischen Untersuchung muss man weitergehen, als nur Symptome – Inhalte – zu sammeln. Deshalb erscheint aus dieser Perspektive immer noch der ludologische Ansatz als der bedeutendere.

Die im Titel „Game. Play. Story?" angedeutete Frage nach dem Platz der Geschichten scheint also fürs erste an die Produzenten weitergereicht werden zu können. Viele von ihnen lieben es augenscheinlich zu erzählen – und die Spieler hören auch gerne zu, solange sie gleichzeitig noch die Gelegenheit zum Spielen behalten.

Hier zeigt sich deutlich, dass Narrative dort am erfolgreichsten eingesetzt werden, wo sie parallel zur Spielehandlung ablaufen können und sich nicht als (vorgegebene) Folge von Handlungen manifestieren müssen, sondern als Texturen oder Audiospuren für den interessierten Spieler bereit liegen – oder aber übergangen werden können. Schließlich konkurrieren die Handlung des Spiels und die Handlungen des Spielers einander häufig.

Die Frage nach „Story?" kann also als „Welche Definition von Story?" verstanden und dann im Sinne der zwei Definitionen von Narrativ beantwortet werden (vgl. Kapitel 7.2).

Doch so zentral ist diese lange betonte Fragestellung inzwischen gar nicht mehr. Dass die Entwicklung von Spielen noch lange nicht an ein Ende gelangt ist, dass Interfaces und Darstellung sich weiterhin ändern werden, ist dagegen offensichtlich. Langfristig scheint sich eine Bewegung in Richtung *mixed* oder *augmented realities* abzuzeichnen und damit die Trennung zwischen immateriellem Symbolischem und „Wirklichkeit" immer weiter aufzuweichen.

---

101 Die selbe Spielengine mit den selben simulativen Regeln könnte etwa dazu verwendet werden, mit Blumen nach Häschen zu werfen oder aber Granaten auf Terroristen zu schleudern.

Als Beispiele dafür mögen *Sonys EyeToy* (2003) und *Nintendos Wii* (2006) gelten, die gewissermaßen tatsächlichen Raum in Computerspielraum umwandeln. Gerade an dieser Stelle wird deutlich, wie die Unterscheidung zwischen Hard- und Software durch das Interface fließend bleibt und so MANOVICHs Simulationsmodell neue Bedeutung erhält.

Der Cyberspace ist vor diesem Hintergrund wahrscheinlich doch nicht ein ganz so retrofuturistisches Artefakt, wie wir nach dem Abklingen von Hype und Euphorie des letzten Jahrzehntes dachten. Allein schon deshalb, weil mit der Schaffung neuer Räume der Mythos vom ewigen Wachstum, auf dem unsere Gesellschaft basiert, länger aufrechterhalten werden kann.

Schon heute „spielarbeiten" in China Menschen, um in MMORPGs virtuelle Gegenstände zu erbeuten, die auf *eBay* oder ähnlichen Plattformen in den Westen verkauft werden. Die ökonomischen Grenzen zwischen Spiel und Wirklichkeit verschwimmen.

Eine systematische Kategorisierung von Spielen über ihre funktionale Differenzierung nach ludologischen, interpretativen und räumlichen Potenzialen könnte sich an der ökonomischen Schwerpunktsetzung der Spieleindustrie orientieren – wäre aber auch unabhängig davon als Nachfolgeprojekt zu dieser Arbeit besonders reizvoll.

Am unsteten Scheidepunkt zwischen Inhalt und Medium bei Computerspielen bieten sich zahllose Anknüpfungspunkte für weitere Forschung. Auch wenn sich die Game Studies in den letzten zehn Jahren relativ schnell etabliert haben, bleiben Videospiele doch ein auf vielen Seiten noch unerforschtes Feld. Es wird mehr als weitere zehn Jahre benötigen, um die Spiele von heute in ihren unzähligen Funktionen untersuchen zu können.

Die Spiele, die uns zu diesem Zeitpunkt faszinieren mögen, werden schon wieder ganz andere sein. Aber genau diese unbekannte Zukunft, über die wir nur mutmaßen können und bei der äußerst fraglich ist, ob sie von den Game Studies mitgestaltet werden wird, macht die Forschung im Bereich der Videospiele so reizvoll.

Anhang

I. Literaturverzeichnis

> *Anmerkung des Verlages*
> Bei den Literaturangaben handelt es sich teilweise um gedruckte Quellen (Bücher, Zeitschriftenartikel etc.), teilweise um nur online verfügbare Dokumente, teilweise auch um Online-Versionen von in Druckform erschienenen Beiträgen.
> Die vollständigen Links von Online-Dokumenten sind hier nicht wiedergegeben, da dies die Lesbarkeit des Literaturverzeichnisses erschweren würde und alle Dokumente (letzter Abruf: 29.9.2007) zudem leicht über Suchmaschinen auffindbar sind.
> Stattdessen sind Verweise auf nur oder auch online abrufbare Dokumente hier mit „Weblinks" (durchnummerierten @-Vermerken) gekennzeichnet. Als zusätzlichen Service finden Sie diese Weblinks im Anschluss an das Inhaltsverzeichnis aufgelöst – ebenso auf dem Verlagsserver, wo in einem buchbegleitenden Bereich diese Weblinks aktualisiert werden und direkt auf die Quelldokumente verlinkt sind.

AARSETH, E. (1997): *Cybertext : Perspectives on Ergodic Literature*. Baltimore: Johns Hopkins University Press

AARSETH, E. (1999), "Aporia and Epiphany in Doom and the Speaking Clock: The Temporality of Ergodic Art", in: RYAN, M.-L. (Hrsg.): *Cyberspace Textuality : Computer Technology and Literary Theory*. Bloomington 1999, S. 31–42

AARSETH, E. (2001a), „Allegorien des Raums : Räumlichkeit in Computerspielen", in: *Zeitschrift für Semiotik* 23 (2001): 3/4, 301–318 @1 (englischsprachige draft version)

AARSETH, E. (2001b), "Game Studies. Year One", in: *Game Studies* 1 (2001): 1 @2

AARSETH, E. (2004a): Playing Research : Methodological approaches to game analysis (Game Approaches/Spil-vedje). Papers from spilforskning.dk Conference, August 28–29, 2003 Spilforskning.dk 2004) @3

AARSETH, E. (2004b), "Genre Trouble : Narrativism and the Art of Simulation", in: WARDRIP-FRUIN/HARRIGAN (2004), S. 45–55

ABOTT, H. P. (2002): *The Cambridge Introduction to Narrative*. Cambridge: University Press

AVEDON, E. M./SUTTON-SMITH, B. (Hrsg.) (1971): *The Study of Games*. New York: John Wiley & Sons

BALÁZS, B. (1972): *Der Film : Werden und Wesen einer neuen Kunst*. 4. Aufl., Wien: Globus

BANKS, J. (Hrsg.) (1998): *Handbook of Simulation : Principles, Methodology, Advances, Applications, and Practice*. New York: John Wiley & Sons

BOAL, A. (1998): *The Theater of the Oppressed*. New York: TCG

BOAL, A. (1999): *Legislative Theatre*. London: Routledge

BOGENN, T. (2006): *Canis Canem Edit*. Indianapolis: BradyGAMES Publishing

BOLTER, J. D. (1991): *Writing Space : The Computer, Hypertext, and the History of Writing*. Hillsdale, NJ: Erlbaum

BOLTER, J. D./GRUSIN, R. (2001): *Remediation : Understanding New Media*. Cambridge, MA: MIT Press

BORDWELL, D. (1985): *Narration in the Fiction Film*. London: Routledge

BUCKLES, M.-A. (1985): *Interactive Fiction as Literature: The Storygame 'Adventure'* (Ph.D. diss, University of California, San Diego)

CAILLOIS, R. (1982): *Die Spiele und die Menschen : Maske und Rausch*. Frankfurt/M, Berlin, Wien: Ullstein

COSTIKYAN, G. (1994), "I Have No Words and I Must Design", in: *Interactive Fantasy* # 2   @4

CRAWFORD, C. (1997): The Art of Computer Game Design   @5

CSIKSZENTMIHALYI, M. (1990): *Flow : The Psychology of Optimal Experience*. New York: HarperCollins

DE CERTEAU, M. (1986): *Heterologies : Discourse on the Other*. Minneapolis, MN: University of Minnesota Press

DE CERTEAU, M. (1988): *Kunst des Handelns*. Berlin: Merve

EICHNER, S. (2005), „Videospielanalyse", in: MIKOS, L./WEGENER, C. (Hrsg.): *Qualitative Medienforschung : Ein Handbuch*. Konstanz: UVK, S. 474–483

ESKELINEN, M. (2001), "The Gaming Situation", in: *Games Studies* **1** (2001): 1   @6

ESKELINEN, M./TRONSTAD, R. (2003), "Video Games and Configurative Performances", in: WOLF/PERRON (2003), S. 195–220

FARLEY, R. (2000), "Game", in: *M/C Journal* **3** (2000): 5   @7

FLITNER, A. (1994), „Nachwort", in: HUIZINGA, J.: *Homo Ludens : Vom Ursprung der Kultur im Spiel* (Bibliogr. erg. Neuausg., 1994). Reinbek: Rowohlt

FOUCAULT, M. (1991), „Andere Räume", in: WENTZ (1991), S. 65–72

FRASCA, G. (o. J.): „What is ludology?"   @8

FRASCA, G. (1999): Ludology Meets Narratology : Similitude and Differences between (Video) games and Narrative @9

FRASCA, G. (2000), "Ephemeral games: is it barbaric to design videogames after Auschwitz?", in: ESKELINEN, M./KOSKIMAA, R. (Hrsg.): *CyberText Yearbook 2000 : Research Center for Contemporary Culture.* University for Jyväskylä

FRASCA, G. (2001): *Videogames of the Oppressed : Videogames as a Means for Critical Thinking and Debate* (Master Thesis, Georgia Institute of Technology 2001) @10

FRASCA, G. (2003), "Simulation versus Narrative : Introduction to Ludology", in: WOLF/PERRON (2003), S. 221–235

FRIEDMAN, T. (1995), "Making Sense of Software: Computer Games and Interactive Textuality", in: JONES (1995), S. 73–89

FRIEDMAN, T. (1999a), "Civilization and Its Discontents: Simulation, Subjectivity, and Space", in: SMITH, G. (Hrsg.): *Discovering Discs : Transforming Space and Genre on CD-ROM.* New York: New York University Press @11 (Preprint)

FRIEDMAN, T. (1999b), "The semiotics of Sim City", in: *First Monday* # 4 (Apr. 1999) @12

FULLER, M./JENKINS, H. (1995), "Nintendo® and New World travel writing: a dialogue", in: JONES (1995), S. 57–72

GIBSON, W. (1987): *Neuromancer.* München: Heine

GROHÉ, M. (2006), „Rollenspiel", in: *GEE* # 19 (Feb. 2006)

HARTMANN, B. (2004): *Literatur, Film und das Computerspiel.* Münster: Lit

HERZ, J. C. (1997): *Joystick Nation : How Videogames Ate Our Quarters, Won Our Hearts, and Rewired Our Minds.* New York: Little, Brown & Co

HOWLAND, G. (1998): Game Design : the Essence of Computer Games @13 (Link unterbrochen; zitiert nach NEWMAN 2004: 11)

HUIZINGA, J. (2004): *Homo Ludens : Vom Ursprung der Kultur im Spiel.* 19. Aufl., Reinbek: Rowohlt Taschenbuch

JÄRVINEN, A. (2003), "The Elements of Simulation in Digital Games : System, representation and interface in Grand Theft Auto: Vice City", in: *Dichtung digital* 2003: 4 @14

JOHNSON, S. (1997): *Interface Culture : How new technology transforms the way we create and communicate.* New York: Harper Edge

JONES, S. G. (Hrsg.) (1995): *Cybersociety : Computer-Mediated Communication and Community.* Thousand Oaks: Sage Publications

JUUL, J. (2005): *half-real : Video Games between Real Rules and Fictional Worlds*. Cambridge, MA: MIT Press

KAPROW, A. (1966), "The Happenings Are Dead: Long Live the Happenings!", in: KAPROW (1996), S. 59–65

KAPROW, A. (1972), "The Education of the Un-Artist, Part II", in: KAPROW (1996), S. 110–126

KAPROW, A. (1995), "Excerpts from 'Assemblages, Environments & Happenings'", in: SANDFORD (1995), S. 235–245

KAPROW, A. (1996): *Essays on the Blurring of Art and Life* (ed. by J. KELLEY). Berkeley, Los Angeles: University of California Press 1993 (Paperback/Reprint 1996)

KAY, A./GOLDBERG, A. (1977), "Personal Dynamic Media", in: WARDRIP-FRUIN/ MONTFORT (2003), S. 393–404

KIRBY, M. (1987): *A Formalist Theatre*. Philadelphia: University of Pennsylvania Press

KLEVJER, R. (2001): Computer Game Aesthetics and Media Studies (Paper presented at the 15th Nordic Conference on Media and Communication Research. Reykjavik, 11–13 August 2001) @15

KLEVJER, R. (2002): In Defense of Cutscenes @16

KONZACK, L. (2002): Computer Game Criticism: A method for computer game analysis @17

KUCHERA, B. (2006): Hands-on with Bully @18

KÜCKLICH, J. (2002): *Computerspielphilologie – Prolegomena zu einer literaturwissenschaftlich begründeten Theorie narrativer Spiele in den elektronischen Medien* (Magisterarbeit, Universität München) @19

KUSHNER, D. (2004): *Masters of Doom : How Two Guys Created an Empire and Transformed Pop Culture*. New York: Random House

LANDOW, G. P. (1992): *Hypertext : The Convergence of Contemporary Literary Theory and Technology*. Baltimore: Johns Hopkins University Press

LANDOW, G. P. (1997): *Hypertext 2.0 : The Convergence of Contemporary Literary Theory and Technology*. Baltimore: Johns Hopkins University Press

LÄPPLE, D. (1991), „Gesellschaftszentriertes Raumkonzept", in: WENTZ (1991), S. 35–46

LAUREL, B. (1993): *Computers as Theatre*. London: Addison Wesley

LEFEBVRE, H. (1998): *The Production of Space*. Oxford: Blackwell

LISCHKA, K. (2002): *Spielplatz Computer : Kultur, Geschichte und Ästhetik des Computerspiels*. Heidelberg: Heise

MANOVICH, L. (2001): *The Language of New Media*. Cambridge, MA: MIT Press

MATUSCHECK, S. (1998): *Literarische Spieltheorie : Von Petrarca bis zu den Brüdern Schlegel*. Heidelberg: Winter

MCLUHAN, M. (2006): *Understanding Media*. London: Routledge

MIKOS, L./WEGENER, C. (Hrsg.) (2005): *Qualitative Medienforschung : Ein Handbuch*. Konstanz: UVK

MONTFORT, N. (2005): *Twisty little passage : An approach to interactive fiction*. Cambridge, MA: MIT Press

MURRAY, J. H. (1997): *Hamlet on the Holodeck : The Future of Narrative in Cyberspace*. New York: Free Press

MURRAY, J. H. (2004), "From Games-Story to Cyberdrama", in: WARDRIP-FRUIN/ HARRIGAN (2004), S. 2–11

NEITZEL, B. (2000): Gespielte Geschichten : Struktur- und prozessanalytische Untersuchungen der Narrativität von Videospielen @20

NEITZEL, B./BOPP, M./NOHR, R. F. (Hrsg.) (2005): „*See? I'm Real ...*" *Multidisziplinäre Zugänge zum Computerspiel am Beispiel von ‚Silent Hill'*. Münster: Lit

NEWMAN, J. (2002), "The Myth of the Ergodic Videogame : Some thoughts on player-character relationships in videogames", in: *Game Studies* **2** (2001): 1 @21

NEWMAN, J. (2004): *Videogames*. Routledge: London

PAGE, E. (1973): *American genesis : Pre-colonial writing in the North*. Boston: Gambit

PARLETT, D. (1999): *The Oxford History of Board Games*. Oxford, New York: Oxford University Press

PFALLER, R. (Hrsg.) (2000): *Interpassivität : Studien über delegiertes Genießen*. Wien: Springer

PIAS, C. (2002): *Computer Spiel Welten*. München: Sequenzia

PIAS, C. (2003): Video-Spiel-Computer. Episoden der Informationsgesellschaft @22

POOLE, S. (2000): *Trigger Happy : The Inner Life of Video Games*. London: Fourth Estate

RANDALL, N. (1988), "Determining Literariness in Interactive Fiction", in: *Computers and the Humanities* **22** (1988), 181–191

ROUSE, R. (2001): *Game Design Theory and Practice*. Plano, TX: Wordware Publishing

RYAN, M.-L. (2001), "Beyond Myth and Metaphor", in: *Game Studies* **1** (2001): 1 @23

SANDFORD, M. (Hrsg.) (1995): *Happenings and Other Acts*. London: Routledge

TURNER, M. (1998): *The Literary Mind : The Origins of Thought and Language*. Oxford: University Press

TURNER, V. (1982): *From Ritual to Theatre : The Human Seriousness of Play*. New York City: Performing Arts Journal Publications

VIEHMANN, U. (2001), "Reality Bytes", in: *Spex. Das Magazin für Popkultur* 2001: 11, 86–89

WARDRIP-FRUIN, N./HARRIGAN, P. (Hrsg.) (2004): *First Person : New Media as Story, Performance, and Game*. Cambridge, MA: MIT Press

WARDRIP-FRUIN, N./MONTFORT, N. (2003): *The New Media Reader*. Cambridge, MA: MIT Press

WENTZ, M. (Hrsg.) (1991): *Stadt-Räume : Die Zukunft des Städtischen*. Frankfurt/M.: Campus

WENZ, K. (2001), „Spiele und Spielen", in: *Zeitschrift für Semiotik* 23 (2001): 3/4, 269–283

WILLIAMS, R. (1974): *Television : Technology and Cultural Form*. Hanover, NH: Wesleyan University Press

WOLF, M. J. P. (2002): *The Medium of the Video Game*. Austin: University of Texas

WOLF, M. J. P./PERRON, B. (Hrsg.) (2003): *The Video Game Theory Reader*. London, New York: Routledge

II. Auflösung der Weblinks

@1   AARSETH (2001a): http://www.hf.uib.no/hi/espen/papers/space/Default.html <29.9.2007> (englischsprachige draft version)

@2   AARSETH (2001b): http://www.gamestudies.org/0101/editorial.html <29.9.2007>

@3   AARSETH (2004a): http://hypertext.rmit.edu.au/dac/papers/Aarseth.pdf <9.11.2006> (Link unterbrochen)

@4   COSTIKYAN (1994): http://www.costik.com/nowords.html <29.9.2007>

@5   CRAWFORD (1997): http://www.mindsim.com/MindSim/Corporate/artCGD.pdf <9.11.2006> (Link unterbrochen)

@6   ESKELINEN (2001): http://www.gamestudies.org/0101/eskelinen/ <29.9.2007>

@7   FARLEY (2000): http://journal.media-culture.org.au/0010/game.php <29.9.2007>

@8   FRASCA (o. J.): http://www.ludology.org/article.php?story=20010708201200000 <9.11.2006> (Link unterbrochen)

@9   FRASCA (1999): http://www.ludology.org/articles/ludology.htm <29.9.2007>

@10 FRASCA (2001): http://www.ludology.org/articles/thesis/FrascaThesisVideogames.pdf <29.9.2007>

@11 FRIEDMAN (1999a): http://www.duke.edu/~tlove/civ.htm <29.9.2007> (Preprint)

@12 FRIEDMAN (1999b): http://www.firstmonday.dk/issues/issue4_4/friedman/ <29.9.2007>

@13 HOWLAND (1998): http://www.lupinegames.com/articles/essgames.htm (Link unterbrochen)

@14 JÄRVINEN (2003): http://www.brown.edu/Research/dichtung-digital/2003/issue/4/jaervinen/ <29.9.2007>

@15 KLEVJER (2001): http://www.uib.no/people/smkrk/docs/klevjerpaper_2001.htm <29.9.2007>

@16 KLEVJER (2002): http://www.uib.no/people/smkrk/docs/klevjerpaper.htm <29.9.2007>

@17 KONZACK (2002): http://www.vrmedialab.dk/~konzack/tampere2002.pdf <29.9.2007>

@18 KUCHERA (2006): http://arstechnica.com/articles/culture/bully.ars <29.9.2007>

@19 KÜCKLICH (2002): http://www.playability.de/txt/index.html <29.9.2007>

@20 NEITZEL (2000): http://e-pub.uni-weimar.de/volltexte/2004/72/pdf/Neitzel.pdf <29.9.2007>

@21 NEWMAN (2002): http://www.gamestudies.org/0102/newman/ <29.9.2007>

@22 PIAS (2003): http://www.uni-essen.de/~bj0063/texte/70er.pdf <29.9.2007>

@23 RYAN (2001): http://www.gamestudies.org/0101/ryan/ <29.9.2007>

III. Spieleverzeichnis

Anmerkung: Es ist jeweils die Hardware angeführt, für die ein Spiel ursprünglich programmiert wurde. Die in der Regel zahlreichen Umsetzungen werden hier nicht angeführt.

Advance War (Intelligent Systems / Nintendo 2001): Game Boy Advance

Adventure (Crowther/Woods 1976): PDP-10 (spielbar unter: http://www.bulkurtul.com/en/colossalcave.asp <9.12.2006>)

Adventure (Warren Robinett / Atari 1978): Atari VCS

America's Army (U.S. Army 2002): PC

Canis Canem Edit (Rockstar 2006): PlayStation 2

Civilization (Sid Meier / MicroProse 1991): PC

Command & Conquer (Westwood Studios 1995): PC

Computer Space (Nolan Bushnell 1972): Arcade

Counter-Strike (Modifikation von Half-Life 1999): PC

Dead or Alive (Tecmo 1996): Arcade

Donkey Kong (Nintendo 1981): Arcade

Doom (id 1993): PC

Dragon's Lair (Cinematronics 1983): Arcade

Dungeons & Dragons (TSR 1974): Pen'n'Paper-Rollenspiel

Final Fantasy VII (Square 1997): PlayStation

Final Fantasy X (Square 2001): PlayStation 2

Food Force (Deepend / Playerthree 2005): PC (Download unter http://www.food-force.com <9.12.2006>)

Grand Theft Auto (Rockstar 1998): PC

Grand Theft Auto 2 (Rockstar 1999): PC

Grand Theft Auto III (Rockstar 2001): PlayStation 2

Grand Theft Auto: Vice City (Rockstar 2002): PlayStation 2

Grand Theft Auto: San Andreas (Rockstar 2004): PlayStation 2

Habitat (Lucasfilm Games 1985): Commodore 64

Katamari Damacy (Keita Takahashi / Namco 2004): PlayStation 2

Metal Gear Solid 2: Sons of Liberty (Hideo Kojima 2001): PlayStation 2

Microsoft Flight Simulator 1.00 (subLOGIC 1982): PC

MUD (Trubshaw/Bartle 1977): PDP-10

Myst (Cyan Worlds 1993): PC

Pac-Man (Namco 1980): Arcade

Phantasmagoria (Sierra 1995): PC

Pong (Atari 1972): Arcade
    Home Pong (Atari 1974): Heimkonsole

Populous (Peter Molyneux / Bullfrog 1989): Amiga

Quake (id 1996): PC

Robotron: 2084 (Eugene Jarvis / Vid Kidz 1982):Arcade

Samurai Spirits 64 (SNK 1997): Arcade

Second Life (Linden Lab 2003): PC (Download unter http://lindenlab.com/)

SimCity (Will Wright / Maxis 1989): Amiga / Macintosh

SimCity 3000 (Maxis / EA 1999): PC

Soul Calibur (Namco 1998): Arcade

Spacewar! (Steve Russell et al. 1962): PDP-1

Space Invaders (Taito 1978): Arcade

Super Mario Bros. (Nintendo 1985): Famicom/NES

Super Mario Land (Nintendo 1989): Game Boy

Super Mario World (Nintendo 1990): Super Famicom/Super NES

Super Mario World 2: Yoshi's Island (Nintendo 1995): Super NES

Super Mario 64 (Nintendo 1996): Nintendo 64

Super Mario Sunshine (Nintendo 2002): GameCube

Tetris (Alexey Pazhitnov 1985): Electronika 60 (PDP-11-Klon)

The Incredible Machine (Kevin Ryan 1993): PC

The Legend of Zelda (Nintendo 1986): Famicom/NES

The 7th Guest (Trilobyte 1992): PC

The Sims (Will Wright / Maxis 2000): PC

Tomb Raider (Core Design 1996): Saturn

Ultima Online (Origin 1997): PC

Virtua Fighter (Sega-AM2 1993): Arcade

Virtua Fighter 2 (Sega-AM2 1994): Arcade

Warcraft (Blizzard 1994): PC

Warlock of Firetop Mountain (1982): (Spiel-) Buch

Wing Commander III (Origin 1994): PC

Wolfenstein 3-D (id 1992): PC

World of Warcraft (Blizzard 2004): PC

Zork (Infocom 1977): PDP-10 (Viele Infocom-Adventures finden sich als Java-Applet unter: http://www.xs4all.nl/~pot/infocom/ <9.12.2006>)

IV. Filmverzeichnis

Jurassic Park (Spielberg 1993)

Lola rennt (Tykwer 1998)

The Lady in the Lake (Montgomery 1947)

Sixteen Candles (Hughes 1984)

The Breakfast Club (Hughes 1985)

V. Bildverzeichnis

Abbildung 1:
http://blog.tempwin.net/img/tennis-for-two-display.jpg

Abbildung 2:
http://www.edwardsamuels.com/illustratedstory/chapter%204/pong2.jpg

Abbildung 3:
http://users.skynet.be/Xdeccies/Spacewar.jpg

Abbildung 4:
http://soc.kuleuven.be/onderwijs/pop/videogames/images/flycomp.jpg

Abbildung 5:
http://www.atariage.com/2600/systems/sys_AtariVCSB.jpg

Abbildung 6:
http://www.consoleclassix.com/info_img/Super_Mario_Bros._NES_ScreenShot3.jpg

Abbildung 7:
http://es.geocities.com/jgonzalezalcobre/doom2shoot2.jpg

Abbildung 8:
http://www.nebulared.com/Articulos/Silent_Hill/Imagenes/Phantasmagoria.jpg

Abbildung 9:
http://content.answers.com/main/content/wp/en/e/e4/WoW-Lakeshire.png

Abbildung 10:
http://diduz76.interfree.it/immagini/maniac/maniac5g.gif

Abbildung 11:
http://www.consoleclassix.com/info_img/Legend_of_Zelda_NES_ScreenShot2.jpg

Abbildung 12:
http://webdevelopersjournal.com/gifs/simcity1.gif

Abbildung 13:
http://www.counterfrag.com/screenshots/grand%20theft%20auto%20vice%20city/3.jpg

Abbildung 14:
http://upload.wikimedia.org/wikipedia/en/2/22/Virtua_Fighter.png

Abbildung 15:
http://www.trustedreviews.com/images/article/inline/3654-2.jpg

Abbildung 16:
o.V. (2006): Benutzerhandbuch „Canis Canem Edit". o.O.: Rockstar 2006, S. 6

Abbildung 17:
http://bully.gta-series.com/contenuti_bully/mappe/in-gamewinter.gif

Abbildung 18:
http://criticando.com.sapo.pt/canis/2.jpg

Abbildung 19:
http://www.meristation.com/EPORTAL_IMGS/GENERAL/juegos/PlayStation2-Accion/17/IMG-cw453ff9b94a23c/meristationCCE7pe.jpg

Abbildung 20:
http://img.game.co.uk/ml/3/2/6/3/326303ss3.jpg

Abbildung 21:
http://www.mtv.com/games/video_games/images/promoimages/d/dime/monkey_dime/bully_422x317.jpg

VI. Personen- und Sachregister

A

AARSETH · 10, 50–52, 55–60, 65–68, 80, 83, 86, 96 f., 103, 105 f., 111, 135, 141
Actionspiele · 31, 39 f., 43
Adventure · siehe Adventurespiele
Adventurespiele · 31, 36, 39–43, 46, 97, 104, 136, 142
agôn · 16–18, 40, 43, 45, 116, 119
alea · 16 f., 81, 116, 119 f.
Apperzeption · 82, 127
Avatar · 46, 102, 112, 118

B

BAER · 26
Beat'em Ups · 40, 108
BUSHNELL · 27, 142

C

CAILLOIS · 14, 16–19, 27, 39, 43, 45, 51, 71, 77 f., 92, 116, 136
Cybertext · 50, 55–59, 70, 135

D

Doom · 33 f., 36, 57, 97, 107, 135, 138, 142

E

Ego-Shooter · 33, 36, 40
Ergodik · 55 f., 58, 132

extranoetisch · 56, 79

F

flow · 71, 90
FRASCA · 10, 18 f., 21, 51, 56, 60, 78, 80, 84–86, 91 f., 137, 141

G

Game Studies · 11, 13 f., 22, 49–53, 63, 76, 111, 134 f., 140
gameplay · 23, 64, 106
Genre · 31, 39, 42, 47, 50, 101, 111 f., 135, 137
Geschichten · 23, 30, 46, 52, 60 f., 70 bis 72, 101 f., 131 f., 139
GTA · 47, 63, 92, 112 f., 116 f.

H

HIGINBOTHAM · 25 f.
HUIZINGA · 13–16, 51, 78, 136 f.
Hypertext · 49, 56, 58 f., 62, 70, 96, 121, 131, 136, 138

I

ilinx · 16, 40, 71, 104, 116, 119 f.
Immersion · 90
Interaktivität · 22, 51, 55
Interface · 22, 23, 31, 88, 97, 103, 112, 128, 134

J

Jump'n'Runs · 40, 99

L

Ludologen · 50–52, 60, 80, 125
ludus · 18 f., 21, 43 f., 46, 63, 78, 81, 87, 92, 102, 116 f., 119, 121, 127

M

MANOVICH · 51, 55, 59, 63, 65–67, 76, 81–83, 96, 98, 121, 139
MCLUHAN · 64–66, 111, 139
Medien · 50–52, 55, 58 f., 61, 64–72, 79, 84 f., 88, 90, 109, 111, 123, 125 f., 128, 131, 134, 138, 140
Medium · *siehe* Medien
mimicry · 16 f., 40, 45 f., 77, 116, 119
MIT · 27, 31, 136, 139, 140
MIYAMOTO · 32
MMORPG · 36 f., 46, 79, 109, 134

N

Narrative · 42, 59 f., 62, 65, 68, 70 f., 75, 80 f., 84–87, 91 f., 98–102, 121 f., 125, 132, 135, 137, 139
Narrativisten · 50, 68
Neue Medien · 51, 55, 58, 65 f., 71, 121
New Media Studies · 66–69, 76
NEWMAN · 15, 17, 19, 21, 23, 52, 55, 61–63, 95–97, 103 f., 106–108, 139, 141
Nintendo · 30–33, 36, 137, 142 f.

P

paidia · 18 f., 21, 44, 47, 63, 78, 87, 92, 102, 116, 119, 127
PDP · 27, 30, 142–144
play · 14, 16, 18 f., 22, 44, 77–79, 91, 94
Pong · 27–29, 95, 143

R

Raum · 13, 15 f., 33, 40, 46, 77 f., 82, 93–98, 101, 103–109, 120, 134
Remedialisierung · 66, 69, 76, 111 f., 123–125, 127
Rollenspiel · 17, 31, 46, 142

S

SHIGERU MIYAMOTO · 31, 100
SimCity · 19, 22, 44, 78, 88 f., 143
Simulation · 17, 44, 47, 52, 63, 66, 76, 80–89, 91 f., 104 f., 108 f., 120, 127, 131, 135–137, 141
Strategiespiele · 39, 43–46
Super Mario · 32, 71, 97, 99 f., 143

T

Transmedialität · 52, 62, 65, 70 f., 123, 125 f.

W

WRIGHT · 47, 89, 143

Weitere Neuerscheinungen aus dem vwh-Verlag

in der Reihe „E-Learning"

Abfalterer: Foren, Wikis, Weblogs und Chats im Unterricht
2/2007, 24,90 €, ISBN 978-3-9802643-3-4

Himpsl: Wikis im Blended Learning
2/2007, 26,90 €, ISBN 978-3-9802643-5-8

Hornbostel:
E-Learning und Didaktik
5/2007, 24,90 €, ISBN 978-3-940317-00-1

Höbarth: Konstruktivistisches Lernen mit Moodle
9/2007, 29,90 €, ISBN 978-3-940317-08-7

in der Reihe „AV-Medien"

Herrmann: Produzieren in HD
Produktionstechnische und wirtschaftliche Aspekte von HDTV-Produktionen
8/2007, 22,90 €, ISBN 978-3-940317-05-6

in der Reihe „Medienwirtschaft"

Frahm: Die Zukunft der Tonträgerindustrie
5/2007, 24,90 €, ISBN 978-3-9802643-8-9

Huber: Neue Erlösmodelle für Zeitungsverlage
6/2007, 27,90 €, ISBN 978-3-9802643-9-6

in der Reihe „E-Collaboration"

Groß/Hiller (Hrsg.): Leadership in Distributed Organisations
Beherrschung der Distanz in verteilt agierenden Unternehmen (Kongressband einer Fachtagung in Lüneburg, Feb. 2007)
4/2007, 26,90 €, ISBN 978-3-9802643-7-2

in der Reihe „Typo | Druck"

Bouchon: Infografiken
9/2007, 27,90 €, ISBN 978-3-940317-07-0

in der Reihe „Game Studies"

Jantke/Fähnrich/Wittig (Hrsg.):
Digitale Spiele – Herausforderungen und Chance
Kongressband einer wissenschaftlichen Tagung anlässlich der Leipziger Informatik-Tage (LIT) 2006
Erscheint 10/2007, ISBN 978-3-940317-04-9

in der Reihe „Web 2.0"

Liebig:
Social Software im Marketing
Studenten-Weblogs als Instrument des Hochschulmarketings
2/2007, 19,90 €, ISBN 978-3-9802643-4-1

Renz:
Praktiken des Social Networking
Eine kommunikationssoziologische Studie zum online-basierten Netzwerken am Beispiel von openBC (XING)
2/2007, 21,90 €, ISBN 978-3-9802643-6-5

Munz/Soergel: Agile Produktentwicklung im Web 2.0
9/2007, 32,90 €, ISBN 978-3-940317-11-7

Grabner: Weblogs und Wikis als Werkzeuge für das Wissensmanagement von KMU
Erscheint 10/2007, ISBN 978-3-940317-02-5

Carlin: Social Tagging
Schlagwortvergabe durch User als Hilfsmittel zur Suche im Web
Erscheint 10/2007, ISBN 978-3-940317-03-2

Gratzer: Ich blogge
Entwicklungen, Grenzen und Zukunftsperspektiven eines neuen Mediums
Erscheint 10/2007, ISBN 978-3-940317-01-8

Weitere Ankündigungen, aktuelle Informationen sowie eine direkte Bestellmöglichkeit im Online-Shop finden Sie im Web unter www.vwh-verlag.de.